Stephan Falk & Anne Fink

Glücksorte in Ligurien

Fahr hin & werd glücklich

Dieses
Glücksbuch
ist für

Liebe Glücksuchende,

Ligurien, Italiens drittkleinste Region, begeistert mit großer Vielfalt: Von sonnenverwöhnten Küsten bis zu tiefen Wäldern und alten Bergdörfern bietet sie einzigartige Kontraste. Die malerischen Klippen der Riviera di Levante und die lebhaften Sandstrände der Riviera di Ponente sind nur einige der Höhepunkte. Küstenorte wie Sanremo oder Portofino verleihen Ligurien eine mondäne Aura, während Genua, auch La Superba genannt, mit vielen Gesichtern überrascht.

Die Bewohner, eher wortkarg, zeigen Gastfreundschaft und Liebe zur Heimat. Orte, an denen man wahre Glücksmomente erleben kann, gibt es hier so zahlreich wie Klippen an der Küste oder Buchen- und Kastanienwälder. Dazu unzählige atemberaubende Aussichtspunkte, Bars, in denen Einheimische beim täglichen Espresso zusammensitzen, und Restaurants, in denen man die bodenständige Küche Liguriens genießen kann. Unentdeckte Orte der Stille und Weite findet man hier ebenso wie das pralle ligurische Leben.

Viel Spaß beim Entdecken Liguriens!

Stephan Falk und Anne Fink

Deine Glücksorte …

... noch mehr Glück für dich

Des Fischers Sehnsucht

1

In der Hafenbucht von Camogli

Auf der Westseite der Halbinsel von Portofino am Golfo Paradiso, einst die „Stadt der tausend weißen Segelschiffe“ genannt, liegt Camogli. Auch wenn von dem einstigen Fischerort aus, der heute etwas über 5000 Einwohner zählt, keine Flotten mehr in See stechen, kann man anhand der vielen bunten Häuserfassaden, die sich die Strandpromenade entlangreihen, erahnen, wie sie den Fischern als Orientierung dienten, zu ihrem Hafen zurückzufinden. Camogli (im Genueser Dialekt *Camuggi*) bedeutet „Haus der Ehefrauen“ *(casa delle mogli)* und mag den Fischersfrauen gewidmet sein, die hier in manch bangen Stunden der Ungewissheit mit sehnsuchtsvollem Blick auf das offene Meer hinaussahen und auf die Rückkehr ihrer Männer warteten.

Diese Sehnsucht ist auch heute noch spürbar. Camogli bietet fröhliche Zerstreuung und lädt dabei gleichermaßen ein zum Innehalten, Träumen und In-die-Weite-Schweifen. Während im Sommer buntes Getümmel herrscht und der Strand zum Baden einlädt, entfaltet dieser Ort an einem Regentag abseits der Saison seinen ganz besonderen Charme. Wenn das weite Ufer und die großzügige Promenade der Via Giuseppe Garibaldi fast leer gefegt und nur vereinzelt Menschen anzutreffen sind, zeigt Camogli sich von seiner ursprünglichen Seite. Hinten an der Mole findet man unter der Markise der Bar Bistingo die leise Poesie eines Regentags. Hier kann man mit Blick auf den Porto di Camogli mit Einheimischen, die über einem Aperitivo sinnieren oder konzentriert Karten spielen, zusammensitzen, während über den Köpfen beständig der Regen auf die Markise plätschert. Schlechtes Wetter gibt es hier nicht. Ein solcher Tag schenkt einem Zeit. Man erinnert sich der Fischer und ihrer Frauen, die hier lebten, liebten und arbeiteten. Diese Bodenständigkeit und sein ganz eigenes Gesicht hat Camogli sich auf wohltuende Weise bewahrt. Von leisem Glück erfüllt und inspiriert zu wohligem Müßiggang, lässt man den Regen einfach Regen sein und sammelt frische Kraft.

TIPP

Der Aussichtspunkt San Rocco südlich von Camogli. Anspruchsvolle Wanderung mit herrlichem Panorama.

- Hafenbucht, Piazza Cristoforo Colombo 12, 16032 Camogli (GE)
- ÖPNV: Bahnhof Camogli-San Fruttuoso

CARLA II
IPPOFIOR

Verweilen mit Glockenspiel

2 Die Bank an der Fortezza Firmafede in Sarzana

Manchmal liegen die wahren Glücksorte etwas im Verborgenen, in versteckten Winkeln oder an Plätzen, die einem nicht direkt ins Auge fallen. Fast schon, als würden sie keine Rolle spielen und wären es geradezu gewohnt, übersehen zu werden. Einer von diesen Glücksorten ist die rote Bank in einer hinteren Ecke der Piazza Cittadella in Sarzana.

Das historische Zentrum des malerischen Städtchens am Fluss Magra, im südlichen Zipfel von Ligurien und einen Steinwurf von der Toskana entfernt, begeistert mit seinen mittelalterlichen Gassen und Plätzen. Hier herrscht eine von Lebensfreude und Geschäftigkeit geprägte Atmosphäre. Die vielen kleinen Läden bieten etliche regionale Köstlichkeiten an und laden zu schönen Entdeckungen ein. Etwas abseits vom Geschehen fällt die rote Bank nicht direkt ins Auge, doch genau das macht sie so besonders: Durch ihre Position lädt sie zum Verweilen und Träumen ein. Wer auf ihr Platz nimmt, spürt die Magie des Ortes und hat einen direkten Blick auf die im Jahr 1249 gebaute Festung Fortezza Firmafede (auch La Cittadella genannt). Ein kleines Stück der mittelalterlichen Burg erinnert an die Zeit, als Sarzana dem Kaiser unterstellt war, der Wegezoll erhob. Das gesellschaftliche Leben der Stadt prägten damals Patrizierfamilien, zu der auch die bekannten Bonapartes gehörten. Ruhe und Gewusel liegen an der roten Bank ganz nah beieinander. Wer lange genug an diesem stillen Platz verweilt, wird in den Genuss des Glockenspiels vom Campanile der prächtigen Kathedrale Santa Maria Assunta kommen. Mit dem bunten Leben verbunden sein und gleichzeitig für einen Moment inneren Frieden finden – das ist an diesem Glücksort unmittelbar zu spüren. Wer hier wohl schon alles Händchen haltend saß, sich küsste oder einfach nur von der Liebe und dem Leben träumte?

TIPP

Jedes Jahr am zweiten Sonntag vor Ostern findet das traditionelle Haselnussfest von Sarzana statt.

● Rote Bank an der Fortezza Firmafede, Via Cittadella 2, 19038 Sarzana (SP)

SARZANA
maggio

Müßiggang im Bergnest

3

Das Caffè delle Ragazze auf dem Montemarcello

Auf einer Halbinsel zwischen der Mündung des Flusses Magra und dem Golf von La Spezia, auch Golfo dei Poeti genannt, liegt das Bergnest Montemarcello. Seinen Rufnamen Golf der Poeten verdankt dieser Teil der ligurischen Küste Dichtern wie Mary Shelley oder D. H. Lawrence, die sich, beflügelt von der Schönheit der Gegend, hier einst zum Schreiben niederließen. Während das Meer am Fuße des Berges wild entlang der felsigen Küste tanzt, herrscht hier oben entspannte Ruhe. Die Häuser der alten Ortschaft sind hübsch renoviert, die Fassaden in verschiedenen Pastelltönen gestrichen und mit den typischen grünen oder rostbraunen Fensterläden versehen. Umherstreifende Katzen prägen das Bild der kleinen Gassen. Bunte vor den Häusern aufgestellte Blumenkübel, tibetanische Gebetsfahnen und andere liebevolle Details lassen erahnen, dass die Menschen gerne hier leben.

TIPP

Einen der schönen Trekkingwege im nahe gelegenen Naturpark Cinque Terre erwandern.

Im Kern des Dorfes, auf der autofreien Piazza, die wie eine kleine liebliche Oase leicht erhöht liegt, kann man es sich richtig gut gehen lassen und eine süße Auszeit einlegen. Die Mailänderin Carla Iannitello betreibt hier mit einer Freundin das Caffè delle Ragazze und bewirtet ihre Gäste mit liebevoll zubereiteten Speisen. Sie weiß zu berichten, dass so mancher hier von woanders kommt und auch einige Künstler hier leben.

Neben herzhaften Speisen für den größeren Hunger gibt es auch ligurische Kräuterlimonaden mit Thymian, Salbei und Basilikum und deliziöse Kuchen und Törtchen, deren Anblick schon eine Augenweide ist. Für jeden Geschmack findet sich etwas und die Speisen werden alle frisch und ansprechend zubereitet. Außerdem werden hier verschiedenste regionale Leckereien aus eigener Herstellung, Liköre, ligurisches Bier, herzhaft Eingelegtes oder Fruchtig-Süßes verkauft. Die *ragazze* („Mädels") hier sind herzlich und man merkt ihnen die Überzeugung und Verbundenheit mit dem, was sie tun, an. So ist es eine doppelte Freude, sich bei Speis und Trank niederzulassen und sich süßem Müßiggang hinzugeben.

● Caffè delle Ragazze, Piazza XIII Dicembre, 19031 Montemarcello (SP)

Achtsam zum Kraftort

4

Der Strand am Punta Corvo

Der Strand am Punta Corvo liegt im südlichen Teil des Parco Naturale Regionale Montemarcello-Magra. Der Weg zu diesem atemberaubenden Strand führt zuerst bergauf ins hübsche Gebirgsdorf Montemarcello, welches auch auf der Liste der schönsten Dörfer Italiens zu finden ist. Von dort führt ein traumhafter Wanderweg steil hinab an den Spiaggia di Punta Corvo, der mit seinen manchmal hohen Wellen sicher zu den spektakulärsten Stränden im Parco di Montemarcello-Magra zählt. Die Strecke ist anspruchsvoll und mitunter unwegsam, steckt aber voller Magie mit zauberhaften und einzigartigen Ausblicken.
Um die circa 300 Höhenmeter über schmale Pfade zu bewältigen, geht es durch Schatten spendende Pinienwälder vorbei an Olivenhainen. Hier mischt sich der besondere Duft des Pinienwaldes mit dem salzigen Geruch vom tief unten liegenden Meer. Am Horizont des Golfo della Spezia sieht man vereinzelt Schiffe und Boote, die in den heimatlichen Hafen nach La Spezia zurückkehren oder gerade aufbrechen, um die Weite des Mittelmeeres zu erkunden. Kleine Ruhepausen bieten sich an, um das herrliche Panorama zu genießen und durchzuatmen. Genügend Wasser und Badesachen sollten unbedingt im Rucksack eingepackt sein. Immer weiter in Richtung der im Sonnenlicht schimmernden Wellen laufend lockt neben der Aussicht die belohnende Erfrischung im Ligurischen Meer, doch Achtsamkeit ist vor dem Sprung ins kühle Nass angesagt. Denn je nachdem wie der Wind steht, sind die Wellen sehr hoch und ein Bad im Meer nicht empfehlenswert.
Der Punta Corvo ist aber auch ohne Bad im Meer atemberaubend und lohnend. Wenn die Wellen das Schwimmen nicht zulassen, lässt es sich hier bestens verweilen und über die Weite und Kraft des Meeres staunen. Eine Mußestunde, um nach dem Abstieg auszuruhen, lässt ausreichend Kraft für den Aufstieg zurück sammeln. Zum Beispiel mit einem Nickerchen und dem Rauschen der Wellen im Ohr. Denn einmal an diesem magischen Kraftort angekommen, fällt es schwer, ihn wieder zurückzulassen.

TIPP

Alternativweg: Wanderung über den Golf der Poeten von Tellaro zur Punta Corvo.

● Strand am Punta Corvo, 19031 Montemarcello (SP)

Lob der Langsamkeit

5 In der Gasse von Santo Stefano d'Aveto

Auf dem Weg nach Santo Stefano d'Aveto lässt man schnell die Küste mit ihrem mediterranen Flair hinter sich und taucht in eine alpine Bergwelt ein. Die Vegetation und auch die Architektur verändern sich. Man kommt an Holzhäusern mit Geranienkästen und tiefschwarzen Kühen mit Glocken, die an den Hängen grasen, vorbei. Den Mittelpunkt von Santo Stefano d'Aveto bildet, umrahmt von malerischer Bergkulisse, ein imposantes Castello. Geht man talseitig entlang des Baches, kommt man zum alten Ortskern, wo kleine Gassen zum Bummeln einladen. Im Winter lockt der Ort zahlreiche Wintersportler an, aber auch sonst wohnt ihm mit üppigen Gärten und herrlichen Blicken auf die umliegenden Berge ein ganz besonderer Charme inne.
Das Leben der Einwohner spielt sich vor allem in einer kleinen Gasse mit Kopfsteinpflaster ab. Wohl dem, der geübt ist in der Kunst der Langsamkeit. Denn bewegt man sich zu schnell durch diese Gasse hindurch, findet das Vergnügen ein viel zu jähes Ende, so kurz ist sie. Lässt man sich auf das langsame Tempo ein, so kann man versinken im Anblick der mit Liebe zum Detail eingerichteten Schaufenster und Auslagen. Wunderschöne Dinge werden hier angeboten und so manches, was sich genießen lässt: lokale Spezialitäten wie Käse, getrocknete Pilze, frische Früchte und verschiedene Honige sowie eine Auswahl an Bioprodukten und sogar Liköre aus der Region. Kleine zauberhafte Artikel, Geschenke, handgemachte Seifen und Schmuck findet man ebenfalls. Sich Zeit zu nehmen, um alles im eigenen Tempo zu erkunden und zu bestaunen, ist eine Wohltat. Und nicht nur hier geht es entspannt zu, viele der hiesigen Produkte haben einen langsamen Produktionsweg erfahren, bis sie in den Auslagen der kleinen Läden liegen. Qualität statt Quantität. Die Menschen sind verbunden mit dem, was sie tun, und leben gerne hier, das spürt man. Diese Gasse ist ein Mikrokosmos für sich. Nichts ist hier dem Zufall überlassen. Hier fühlt man sich geborgen und glücklich aus der Zeit gefallen.

● Via al Castello, 16049 Santo Stefano d'Aveto (GE)

PORCINI
NOSTRANI
€ 13,00
3,00
NETTARINE
€ 2,60

Innere Einkehr mit Meerblick

6

Die Wallfahrtskirche auf den Hügeln über Chiavari

Auf einem Hügel oberhalb von Chiavari befindet sich das Santuario di Nostra Signora delle Grazie. Die wunderschöne Wallfahrtskirche ist seit Jahrhunderten ein wichtiger Pilgerort für Gläubige aus aller Welt und ein beliebtes Ausflugsziel.

Die Geschichte des Santuario di Nostra Signora delle Grazie reicht bis ins 16. Jahrhundert zurück. Eine Legende besagt, dass ein Schäfer namens Giovanni Battista Pedrotti auf der Anhöhe eine Marienerscheinung hatte. Die Madonna soll ihn gebeten haben, an dieser Stelle eine Kapelle zu bauen. Giovanni tat, wie ihm geheißen, und im Laufe der Jahre wurde die kleine Kapelle immer weiter ausgebaut. Heute ist das Santuario di Nostra Signora delle Grazie ein Meisterwerk der Barockarchitektur und verfügt über eine prächtige mit Statuen und Fresken geschmückte Fassade. Im Inneren der Kirche sind überdies zahlreiche Kunstwerke zu bewundern, darunter Gemälde, Skulpturen und Altäre. Besonders beeindruckend ist die Hauptkapelle im Chor, die reich verziert ist und eine Statue der Jungfrau Maria zeigt, die von Engeln umgeben ist.

TIPP
Auch ohne religiös zu sein, ist die Sonntagsmesse (in der Regel um 11.30 Uhr) ein Erlebnis.

Die Wallfahrtskirche oberhalb von Chiavari ist auch für ihre atemberaubende Aussicht bekannt. Vom Hügel aus genießt man einen spektakulären Blick auf die Küste und das Tyrrhenische Meer. Ein kleiner Spaziergang rund um die Kirche ist ein meditatives Erlebnis, die Schönheit der Landschaft und die Ruhe des Ortes bezaubern und entspannen zugleich.

Ob man nun aus religiösen Gründen herkommt oder Kunst und Meeresblick genießen möchte, das Santuario di Nostra Signora delle Grazie ist definitiv einen Besuch wert und dieser Platz ist ein wahrhafter Glücksort. Wer hier einen Moment der Stille und inneren Einkehr zulässt, der hört vielleicht noch die Schafe von Giovanni aus dem 16. Jahrhundert blöken. Dabei sitzt man am besten auf der Steinbank im überdachten Eingangsbereich der Kirche. Ein schattiger und kühler Platz, an dem es sich gut aushalten lässt, bevor man weiterreist.

● Santuario di Nostra Signora delle Grazie, Via Aurelia Orientale Levante 43, 16043 Chiavari (GE)

Zu Gast bei Neptun

7 Eisfreuden in der Gelateria Nettuno in Moneglia

Der hübsche Ort an der Riviera di Levante empfängt einen freundlich. Auffällig grün und charmant lockt Moneglia mit seinen vielen Blumen, rankenden Pflanzen und den verwinkelten Gässchen, die eine kleine historische Zeitreise bieten. Die Promenade entlang der Bucht erinnert mit ihren meterhohen Palmen an das mondäne Leben von früher. Damals war die Italienische Riviera nur den sogenannten Schönen und Reichen vorbehalten. Heute geht es hier bunt gemischt und lebendig zu. In der traumhaften Bucht mit ihrem Sandstrand und dem kristallklaren Wasser kommen auch Nichtschwimmer und Kinder auf ihre Kosten. Eine Steinbuhne bildet eine natürliche Begrenzung zum offenen Meer und ermöglicht auch an Tagen mit Wellengang entspanntes Schwimmen. Wenn man vom Baden in dieser kleinen Oase auf die palmengesäumte Hauptstraße hinaustritt, winkt einen Neptun geradewegs ins gegenüberliegende Eiscafé. Hier beginnt die eigentliche Zeitreise und man darf wieder schwärmen wie in Kindertagen.

TIPP
Die Vorstellung und Verkostung ligurischer Olivenöle auf der Mostra Mercato dell'Olio di Oliva.

Das Nettuno ist eines der ältesten Cafés vor Ort. Stammgäste wissen um die verlockende Einkehr bei Neptun und nennen das Eis unbestreitbar das beste in ganz Moneglia. Jedes Jahr, hört man sie berauscht murmeln, kämen sie hierhin zurück. Einfach ein Muss sei es. Das Ambiente des Cafés lockt mit dem Charme vergangener Zeiten. Die süßen Freuden des auf der Zunge schmelzenden Eises katapultieren einen in Sekundenschnelle zurück in helle und leichtfüßige Kindertage. Während man auf der Promenade entspannte Besucher flanieren und durch den alten Torbogen, der zum Strand führt, das Meer funkeln sieht, kann man mit einem Amarenabecher oder Spaghettieis vertraute Glücksmomente wachrufen oder mit einem in Deutschland kaum bekannten Affogato al Caffè auf weitere Entdeckungsreise gehen. Bereit, vor Glück zu zerbersten, sitzt man in der Jetztzeit, den Kopf voller Erinnerungen, den Mund voll süßen Glücks und den Bauch voll freudig flatternder Schmetterlinge und wünscht sich nur, dieser Moment möge niemals enden.

- Gelateria Nettuno, Corso Libero Longhi 56, 16030 Moneglia (GE), Tel. +39 (01 85) 49 04 65
- ÖPNV: Bahnhof Moneglia

GELATERIA

Durchatmen im Hinterland

8 Naturverbunden leben in Varese Ligure

Mitten im grünen Val di Vara an der Grenze zur Emilia Romagna und somit im Hinterland Liguriens liegt einer der schönsten Orte Italiens: Varese Ligure steht auf der bekannten Liste „I borghi più belli d'Italia" (Die schönsten Orte Italiens) und wurde 1999 als erster europäischer Ort mit einem EU-Öko-Zertifikat ausgezeichnet. Die rund 2000 Einwohner zählende Gemeinde liegt an der historischen Route zwischen Genua und Parma. Varese Ligure wird eingerahmt von sanften Hügeln, die immer höher werden, und weiten Wäldern. Im Zentrum steht das Castello dei Fieschi direkt an der Piazza, das vom sogenannten Borgo Rotondo umgeben wird. Man wandelt durch alte Arkadenbögen, die Häuser sind wie an einer Perlenkette nahtlos miteinander verbunden. Auch Außenöffnungen sind nicht erkennbar, denn die ursprüngliche Funktion der Siedlung war die Verteidigung. Im Borgo Rotondo waren die Häuser alle gleich und zweistöckig, wobei die Räume im Erdgeschoss als Lagerräume oder kleine Geschäfte und die oberen Stockwerke als Wohnungen genutzt wurden. Auf dem kleinen Platz in der Mitte des Rotondo stehen Marktstände. Gegenüber vom Borgo Rotondo und dem Castello liegt das Borgo Nuovo. Hübsche Läden befinden sich in der lebhaften Via Roma und der kleinen Gasse Via Umberto.

TIPP
Jeden Dienstagvormittag ist großer Markt mit vielen frischen lokalen Bioprodukten im Ort.

Abseits des beschaulichen Dorfgeschehens in Varese Ligure steht die steinerne Grecino-Brücke. Auf dem Weg dorthin empfiehlt es sich, sich in der Bäckerei Il forno di Germane direkt an der Via Roma mit einem köstlichen und vor allem frisch gebackenen Focaccia einzudecken.

Die einbogige und elegante Steinbrücke aus dem 16. Jahrhundert führt über das Flüsschen Crovana in das kleine Stadtviertel namens Grecino. Hier genießt man die Stille, schaut auf die bewaldeten Hügel und lauscht dem sanften Plätschern des Wassers. Wer noch in den Genuss einer grandiosen Aussicht kommen möchte, fährt danach die sehr kurvige Bergstraße nach Norden in die Apenninlandschaft hinauf und stoppt nach etwa 12 Kilometern auf 1050 Metern am Passo di Cento Croci.

● 19028 Varese Ligure (SP)

Süßes Warten auf nichts

9

Unter dem antiken Torbogen von Ameglia

Der antike Torbogen ist magischer Anziehungspunkt des Ortes, der als kleine Gemeinde im Val di Magra in der Provinz La Spezia liegt. Seitlich eines kleinen, belebten Platzes bildet er das Tor zum Centro Storico. Die Piazza della Libertà mit der Bar d'Ameglia ist beliebter Treffpunkt der Einheimischen. Zu jeder Tageszeit wird hier zusammen gesessen. Fremde nehmen die Amgeliesi freundlich zur Kenntnis, während sie weiter mit ihrem lebhaften Kartenspiel oder Unterhaltungen beschäftigt bleiben. Dieser ansprechende Ort strahlt Zufriedenheit aus. Offen und dennoch in sich ruhend. Womöglich hängt das mit seiner sehr langen Geschichte zusammen, die bis ins 4. Jahrhundert vor Christus zurückreicht. Wenn man durch den alten Torbogen tritt, kann man die Atmosphäre dieser alten Welt spüren. Es ist, als atme man eine andere Luft. Alles ist schlagartig still geworden. Verwinkelte Gässchen führen vorbei an einer alten Kirche, von deren Vorplatz man einen beeindruckenden Weitblick genießen kann, und weiter zum gut erhaltenen Castello, das in der Mitte dieser antiken Welt ruht. Diese engen Gassen haben etwas Entspannendes.

Der Platz unter dem kleinen Torbogen, der den Eingang zu dieser antiken Welt bildet, bleibt jedoch eigentlicher Anziehungspunkt. Zwei Stühle und ein Tisch stehen hier. Und auch wenn man nicht weiß, zu wem sie gehören, fühlt man sich intuitiv eingeladen, Platz zu nehmen. Die alte Mauer mitsamt der mit Büchern und Bildern arrangierten Nische unterhalb des Torbogens erzählt ihre eigene Geschichte. Hier möchte man einfach nur Zeit verstreichen lassen. Liegt es an dem Übergang von der neuen zur alten Welt? Haben sich Liebende hier einst das Jawort gegeben? Oder hat es einfach mit der freudigen Erwartung zu tun, mit der Meditierende und Yogapraktizierende hier regelmäßig auf den Beginn ihres Kurses warten? Wie dem auch sei – es tut gut, hier zwischen diesen freundlichen Mauern zu sitzen. Zu warten, ohne zu wissen, worauf. In freudiger Anspannung, ohne zu wissen, warum.

TIPP

Das im August stattfindende Filmfestival im atmosphärischen Innenhof des Castello di Ameglia.

● Antiker Torbogen, Piazza della Libertà 11, 19031 Ameglia (SP)

Castrum Ameliae

Vom Glück der Unentdeckten

10 Der historische Ortskern von Brugnato

Eingebettet in die Natur des Parks Montemarcello-Magra an den Ufern des Flusses Vara und der heimlichen Heimat des Graureihers liegt Brugnato. Dieser Ort steht nicht ohne Grund auf der Liste der schönsten Dörfer Italiens. Da sich trotzdem kaum jemand hierher verirrt, ist es im alten Ortskern, wo die Einheimischen ihren Alltagstätigkeiten nachgehen, angenehm ruhig. Die Entstehung des kleines Dorfes geht ins 7. Jahrhundert zurück. Zu dieser Zeit entstand die Abtei der Mönche von San Colombano. In der ersten Hälfte des 12. Jahrhunderts wurde Brugnato sogar zu einem Bischofssitz und bekam eine eigene Kathedrale. Eine weitere Besonderheit ist, dass Brugnato wohl lediglich zwei Tore in der mittelalterlichen Stadtmauer besaß: die Porta Soprana und die Porta Sottana. Vielleicht ist gerade deswegen so vieles im Kern des Dorfes erhalten geblieben, das heute noch die Atmosphäre prägt und zum Bummeln einlädt.

Die pastellfarbenen Häuser lassen Brugnato auch an einem grauen Regentag bunt und fröhlich wirken. Gemütlich lässt es sich durch die verwinkelten Gassen mit einigen kulinarischen Versuchungen spazieren. Kulturell aufwerten lässt sich der Besuch von Brugnato mit dem Besuch des Diözesanmuseums im ehemaligen Bischofspalast Palazzo Vescovile oder man nimmt für einen Moment Platz im Oratorio di San Bernando in der Nähe der Porta Soprana und hält inne. Nach einem Strandtag oder einer Wandertour auf einem der wunderschönen Wege in der direkten Umgebung von Brugnato lädt die Piazza Brosini zu einem kühlen Aperitif ein, bevor man in einem der Restaurants zum Abendessen einkehrt. Mit dem erfrischenden Gaumenschmeichler – es empfiehlt sich ein hausgemachter Spritz von der direkt an der Piazza liegenden Bar – lässt sich entspannt beobachten, wie der Platz zum Abend hin immer voller wird. Beim Klang der lebhaften Gespräche der Einheimischen klingt der Tag mit Lebensfreude und Leichtigkeit aus.

TIPP

Eine hervorragende Pizza Pesto gibt es in der Pizzeria Pesto & Mortaio in der Via Circonvallazione Sud 1.

● Historischer Ortskern, Piazza Brosini 16, 19020 Brugnato (SP)

MACELLERIA

Mit Göttern speisen

11

In der Osteria del Castello in Beverino

Nordwestlich von La Spezia, im bewaldeten Hinterland der Cinque Terre, liegt Beverino. Der kleine Burgturm des Castello di Beverino, der an vorderster Spitze des in den Felsen hineingebauten Ortes steht, wacht geduldig über die Gemeinde. Er ist das Erste, was man sieht, wenn man den Berg hinaufkommt. Wenn man sich gleich eingangs in dem Ortsteil Castello, der die Burg umgibt, befindet, mag man kaum glauben, dass hier über 2000 Einwohner leben. Anfang des 13. Jahrhunderts findet das Castello seine erste Erwähnung. Einmal mehr sieht man, welche Schätze Ligurien beherbergt. Inmitten üppigster Vegetation und grün bewaldeter Berge kann man hier von der Terrasse der Ustaia du Casteu mit dem alten Burgturm an ihrer Seite bis zum leuchtenden Streifen der Küste blicken. Wenn man in der Osteria von Ornella und Piero auf der Terrasse sitzt, so meint man, allein auf des Berges Kuppel zu residieren und mit den Göttern zu speisen. Unendlich liegt der Horizont einem zu Füßen.

TIPP

Zum ausgiebigeren Wandern und Erkunden des Umlands in der Burg übernachten.

Hier wird man nicht nur auf das Allerherzlichste empfangen, sondern auch den ganzen Abend mit nicht nachlassender Freundlichkeit bewirtet. Was vom Wirtsherrn Piero aufgetragen wird, bereitet Ornella in der Küche frisch zu. Eine Speisekarte gibt es nicht. Dafür aber ein Mehrgängemenü mit durchweg lokalen Gerichten, bei dem auch Vegetarier auf ihre Kosten kommen. Wein, Wasser, Kaffee und Limoncello sind in reichlichem Maße inbegriffen. Der fantastische Ausblick sowie die Atmosphäre der hier verbrachten Stunden sind mindestens ebenso wesentlich wie der kulinarische Genuss. Hier wird man bewirtet, als wäre man bei den beiden zu Hause. Piero, der einst als Kapitän über die Weltmeere schipperte, hat sich mit der Geburt der gemeinsamen Tochter für ein sesshafteres Leben entschieden. Man spürt, dass die beiden lieben, was sie tun. Die weite Welt kann man schließlich auch auf den dampfenden Tellern aus Ornellas Küche und im herzlichen Gespräch mit Gästen entdecken.

● Ustaia du Casteu, Via Roma 21, 19020 Beverino (SP), Tel. +39 (3 29) 7 36 96 48

Staunen im Hafen der Venus

12

Die Kirche San Pietro in Porto Venere

Schon die Römer schätzten die Schönheit dieses besonderen Ortes an der unteren Spitze Liguriens. Am Fuß einer Bergklippe zeigt sich das Weltkulturerbe und pittoreske Porto Venere. Mit seinen farbenfrohen Häusern direkt am Wasser begrüßt der übersichtliche Küstenort, der seinen Namen der Venus verdankt, mit seiner malerischen Seite. Von hier fällt der Blick auf die vorgelagerte Insel Palmaria, die man mit Ausflugsbooten besuchen kann. Doch direkt hinter der Promenade am kleinen Hafen beginnt ein Labyrinth aus engen Gassen. Endlos lange und meist schattige Treppengänge sowie bunte, liebevoll gestaltete Hauseingänge machen den Spaziergang durchs Zentrum von Porto Venere zu einer Entdeckungsreise. Immer wieder trifft man auf Katzen, die sich genüsslich auf einer Treppenstufe rekeln oder scheinbar desinteressiert vor sich hin dösen, die Bewohner von Porto Venere sind bekannt für ihre Liebe zu Katzen. Der Duft von frischem Focaccia, der einen anweht, macht Appetit auf ein zweites Frühstück.

Hoch über dem Labyrinth der verwinkelten Gassen thront das Castello, der jahrhundertelange Schutz des Ortes. Die Via Giovanni Capellini führt in Richtung Südwesten auf eine Felsenklippe zu. Am äußersten Ende dieser Klippe hat man 1277 zu Ehren der Fischer die Kirche ihres Schutzpatrons, San Pietro, erbaut. Direkt an der Chiesa gibt es eine kleine Loggia, die zur Seeseite hin offen ist. Von hier aus eröffnet sich ein Blick direkt hinab in die Bucht von Porto Venere. Auf den aus dem Meer hinausragenden Felsbrocken versammeln sich einige kühne Schwimmer, die sich langsam ins kühle Nass gleiten lassen oder einfach nur auf die tanzenden Wellen schauen. Kein Wunder, dass sich hier immer wieder große Dichter und Schriftsteller wie Lord Byron, Henry James oder D. H. Lawrence niedergelassen haben. Nicht zuletzt deswegen trägt der Golf von La Spezia auch den Namen Golfo dei Poeti. Wer hier in der angenehm kühlen Loggia verweilt, der versinkt leicht in lyrische Gedanken.

TIPP

Am letzten Sonntag im August wird das historische Schwimmen um den Byron-Cup ausgetragen.

● Chiesa di San Pietro, Via Calata Doria 74, 19025 Porto Venere (SP)

Traumpfade der Cinque Terre

13 Küstenwanderweg von Monterosso nach Vernazza

Am Bahnhof in Monterosso fängt alles an. Die besonderen Ausblicke aus den Höhen des Hinterlandes der Cinque Terre entgehen einem, wenn man die Dörfer mit den pastellfarbenen Häuschen, die an die steil abfallenden Felshänge gebaut sind, nur auf dem Wasserwege ansteuert. Nestern gleich liegen sie entlang dieses berühmten Küstenabschnitts in den engen Buchten. Regelmäßig fahren Ligurien-Besucher aus aller Welt mit dem Boot diesen pittoresken Küstenabschnitt ab. Doch diesen außergewöhnlichen Landstrich einmal aus einer anderen Perspektive zu erleben ist diese Unternehmung wert.

Entlang der alten Bahntrasse erreicht man die andere Seite der Bucht. Dort beginnt der Wanderweg, der über anspruchsvolle Auf- und Abstiege nach Vernazza führt. Auf teils schmalen Pfaden geht es oberhalb der Küste durch terrassierte Weinfelder und anheimelnde mediterrane Vegetation. Man kommt an schroffen Klippen vorbei und balanciert auf zum Teil unbefestigten Wegen. Kleine, plätschernde Wasserfälle fallen in Felsspalten steil hinab. Schweißtreibende Aufstiege mit berauschenden Ausblicken in schwindelerregender Höhe wechseln mit Abstiegen, die höchste Konzentration erfordern. Es gibt Momente, da fürchtet man, auszurutschen, und hält den Atem an. Träumen sollte man hier nicht. Doch mit jedem kleinen Abschnitt dieser abenteuerlichen Wanderung wächst auch das Gefühl von Zuversicht in einem.

TIPP

Besuch des schönen kleinen Weinguts in Cheo, Vernazza (nur mit vorheriger Anmeldung).

Wenn dann schließlich die ersten Häuser von Vernazza auftauchen, fühlt man sich, als sei man innerlich gewachsen. Die Anstrengung der vergangenen Stunden hat einen in die absolute Gegenwärtigkeit katapultiert. Hier und jetzt. Sonst nichts. Dann ein letzter entspannter Abstieg. Während Stimmen aus den Gassen von Vernazza herüberhallen, atmet man tief durch. Gut geerdet und erfüllt von Leichtigkeit, freut man sich nun wie ein kleines Kind auf eine Tüte frischer Sardellen oder einen kühlen Aperitif in der wunderschönen Hafenbucht. Manchmal muss man eben über sich hinausgehen, um so richtig bei sich anzukommen.

● Blauer Wanderweg zwischen Monterosso und Vernazza, Startpunkt am Ende der Via Corone, 19016 Monterosso al Mare (SP)
● ÖPNV: Bahnhof Monterosso

Eine Poesie des Alltags

14 Pasticceria und Gelateria Macera in Borzonasca

Mitten in Borzonasca an der Via Angelo Grilli liegt die traditionsreiche Pasticceria und Gelateria Macera. Seit 1870 werden hier deliziöse Biscotti in verschiedenen Varianten und vorzügliches Eis hergestellt. Die Pasticceria macht von außen einen eher unscheinbaren Eindruck, auch die Inneneinrichtung ist zurückhaltend. Borzonasca ist ein kleiner Bergort im Hinterland von Chiavari. Umgebend von Wald liegt es eingekuschelt in einem kleinen Tal, in dem die Bäche Sturla und Penna zusammenfließen. Schon die kurze Anreise aus dem knapp 20 Kilometer entfernten Chiavari durch diese waldreiche Gegend ist bezaubernd.
Der Ort selbst ist nicht außergewöhnlich, doch in der Pasticceria Macera herrscht reger Betrieb. Der Pharmazeut von gegenüber kauft sich ein Eis und läuft, ein italienisches Volkslied trällernd, freudestrahlend wieder zurück in seine Apotheke. Am vordersten Tisch auf der Terrasse sitzen vier ältere Damen, die sich am späten Vormittag bei einem Glas Prosecco und ein paar Biscotti über die Neuigkeiten aus dem Dorf austauschen. Der ein oder andere Kunde lässt sich ein paar süße Leckereien für den Nachmittag einpacken. Der Ort eignet sich also hervorragend für eine ausgiebige Verwöhnpause und das Ambiente bringt Poesie in den Alltag. Die einzige Herausforderung ist es, sich zwischen all diesen Gaumenschmeicheleien entscheiden zu müssen. Eis oder Dolce, Kaffee oder Prosecco? Oder vielleicht direkt von allem probieren? Die Terrasse des Macera ist ein wahrer Glücksort, vor allem weil dieser Platz durch seine Unaufgeregtheit und Entspanntheit überzeugt. Wer einen Blick in die Backstube werfen möchte, der spricht einfach die Frau des Konditormeisters an. Sie hat ein paar Jahre in Deutschland gelebt, spricht Deutsch und verrät gerne mehr über die über 150 Jahre alte Geschichte der Pasticceria. Auf jeden Fall sollte man die Spezialität des Hauses, die Ruette, ein köstlich süßer Keks, probieren, dafür reisen manche Kunden eigens aus Genua an.

TIPP

Frische Backwaren und köstliche Focaccias gibt es in der freundlichen Focacceria schräg gegenüber.

● Pasticceria Macera, Via Angelo Grilli 13, 16041 Borzonasca (GE)
www.ruettemacera.it

Einhell

Auf Shakespeares Spuren

15 Die Kirche San Pietro in Quiliano

Völlig überraschend findet man, wenn man von Savona die Ausfallstraße westwärts in Richtung Quiliano fährt, die mittelalterliche Kirche San Pietro. Mit Blick auf die kreuzende Autobahn mag man diesen Ort zunächst übersehen, doch birgt er ein archäologisches Highlight. Wenn man die kleine, unauffällige Stichstraße von der Via Silvio Torcello rechts abfährt, findet man sich plötzlich in einer anderen Welt wieder. Flache steinerne Stufen, gesäumt von einer Allee hoher mediterraner Bäume, bilden den Aufgang zur mittelalterlichen Kirche San Pietro. In bisher kaum einem Reiseführer zu finden, zeigt sich der freistehende Bau in aller Schönheit und Stille. Neben ihm aufragend ein Turm wie aus einer Theaterkulisse gefallen.

Dieses schöne Ensemble aus dem Mittelalter, Schulter an Schulter mit dem hinter dem Spitzdach des Turmes hinwegrauschenden Verkehr, trotzt allen Veränderungen der modernen Welt. Hier ticken die Uhren anders und der Geist bekommt Flügel. Shakespeare kommt einem in den Sinn. Schnell fühlt man sich in eine andere Epoche versetzt und bekannte Figuren des englischen Theatermeisters erwachen zum Leben. So muss es damals ausgesehen haben und wenn man sich die Zeit nimmt, den Bau eingehender zu studieren, steigen spontan Bilder vergangener Zeit auf. Schaut man zum Fenster des Turmes von San Pietro hinauf, so meint man, gerade noch das Ende eines blonden Zopfes und eine feingliedrige Hand zu erkennen, die sich eilends vom Sims zurückzieht. Vielleicht war es ein junges Mädchen, das unerkannt bleiben möchte und sich träumend und scheu in das Innere des Turms zurückzieht, um verliebten Gedanken nachzuhängen. Unweigerlich fühlt man sich an Romeo und Julia erinnert, deren große Liebe schon zu Schulzeiten berührte. So genießt man hier eine unerwartet lange Pause, während so manche romantische Erinnerung aus der Vergangenheit auftaucht. Mitten im Nichts liegt dieser magische Ort, der unerwartet verzaubert. Ein kleiner Kraftquell auf der Reise durch Ligurien.

TIPP

Ein Spaziergang auf dem Rundweg des nahe gelegenen Parks San Pietro in Carpignano.

● Chiesa di San Pietro in Carpignano, Via Silvio Torcello, Parco Urbano, 17047 Quiliano (SV)
● ÖPNV: Bahnhof Quiliano-Vado Ligure

Leises Wassergeplätscher

16

Der Palazzo Podestà an der Via Garibaldi

Es steht wohl außer Frage, dass die Strade Nuove als UNESCO-Weltkulturerbe mit den drei Straßenzügen Via Garibaldi, Via Balbi und Via Cairoli ein Highlight von Genua darstellt. Denn mit ihren 42 Palästen hat sie einen großen Anteil der sogenannten Palazzi dei Rolli, dem Verzeichnis von historischen Adelsplätzen, welches erstmalig im Jahr 1576 erstellt wurde. Die damalige Republik Genua hatte keine eigenen repräsentativen Gebäude und irgendwo musste man schließlich in angemessenem Rahmen Staatsgäste empfangen können. Somit kam man auf die Idee, ein Verzeichnis der Paläste in der Stadt anzulegen, und verpflichtete die Besitzer dazu, ihre Häuser für Empfänge oder zur Unterbringung von Staatsgästen zur Verfügung zu stellen. Manche dieser prachtvollen Paläste und Bauten stehen den Besuchern offen, andere nur teilweise und einige wiederum sind für die Öffentlichkeit nicht zugänglich.

TIPP

Wer mehr Wasser plätschern hören möchte, spaziert in den nahe gelegenen Park der Villetta di Negro.

Besonders die Via Garibaldi versprüht eine magische und museale Atmosphäre. Man schreitet an den einzelnen Palästen entlang und stellt sich das Leben in Genua vor, wie es ein paar Hundert Jahren zuvor gewesen sein muss. Einen der Paläste für einen Besuch auszuwählen, fällt schwer. Doch der Palazzo Lomellino, auch Palazzo Podestà genannt, hält mit seinem Reliefschmuck und dem bläulichen Stein im Innenhof einen Ort bereit, der seinen Zauber schon ohne Besichtigung der Innenräume, die nur gelegentlich möglich ist, entfaltet. Wer im Eingangsbereich nach oben schaut, wird mit einem Blick auf die einzigartige und festlich anmutende blau-weiße Stuckdekoration im ovalen Atrium belohnt. Von hier aus geht man geradeaus in den frei zugänglichen Innenhof, an dessen Ende sich ein grandioses Nymphäum befindet, welches im 18. Jahrhundert errichtet wurde. Allein das Plätschern dieses märchenhaften Brunnens lässt das quirlige Treiben auf der Via Garibaldi inmitten des Centro Storico Genuas kurzzeitig vergessen. Wie wohltuend, inmitten der Altstadt vor dem Nymphäum zu stehen und sich in seinen Gedanken zu verlieren.

● Palazzo Lomellino Nicolosio, Via Guiseppe Garibaldi 7, 16124 Genua (GE)
www.palazzolomellino.org

Überraschendes Leseglück

17

Die außergewöhnliche Bücherei in Torriglia

Das beschauliche Torriglia liegt am Fuß einer mittelalterlichen Burgruine und ist beliebte Sommerfrische der Genueser. Bereits im 19. Jahrhundert hielten hier erste Touristen und Karawanen auf ihrem langen Weg durch das Trebbia-Tal. Heute tummeln sich hier an den Wochenenden vor allem Städter aus der ligurischen Hauptstadt. Fröhlich geht es zu bei einem Eis oder Aperitif. Spaziert man durch die nebenliegenden Gassen der belebten Piazza Cavour, wird es jedoch plötzlich sehr still. Frei von Erwartung wird man spätestens in der Via Molinetti vor dem Haus mit der Nummer 24 überrascht stehen bleiben und innehalten. Wozu die Hektik? Hier lässt es sich völlig unerwartet schwelgen.
Ein winziger Buchladen hat einige seiner Leseschätze in der Auslage drapiert – in ihrer Mitte thront eine alte Olivetti-Schreibmaschine aus den 1940er-Jahren. Umgehend wird man in eine andere Zeit versetzt. Geschichten von früher steigen auf, Erinnerungen aus Büchern und Filmen. Verstreut liegende Manuskriptseiten, handschriftlich verfasste Briefe, vielleicht ein edler Brieföffner oder ein aufgeschlagenes Buch mit Lesebändchen, lieb gewonnene Kostbarkeiten auf einem schweren und alten Massivholztisch. Stumme Zeugen. Hier wird die Fantasie zum Leben erweckt. So sehr, dass dieser kleine Ruhestifter von Laden sich erst auf den zweiten Blick als Bücherei entpuppt. Eine winzige Bücherei! Das Ausleihen von Büchern erfolgt kostenfrei. Ein Kochbuch mit original ligurischen Kochrezepten, von den Großmüttern des Landes mündlich überliefert und in diesem feinen Büchlein zusammengetragen, hilft, dieses Kleinod zu finanzieren. Es gehört ein bisschen Glück dazu, in das Innere dieses verträumten Mikrokosmos vorzudringen – nur an einigen Nachmittagen öffnet dieser stille Ort seine Tür und heißt seine Gäste in dem gemütlichen Interieur willkommen. Glücksgefühle sind jedoch bereits beim bloßen Anblick dieser Bücheroase garantiert. Ganz sicher: Das Herzstück Torriglias befindet sich genau hier.

TIPP

Im Eiscafé ein typisch ligurisches Affogato kosten.

● Kleine Bücherei, Via Molinetti 24, 16029 Torriglia (GE)

24
WELCOME
MICHAEL
MARCO

Lebendige Vergänglichkeit

18 Der Monumentalfriedhof Staglieno in Genua

Der Cimitero di Staglieno zählt nicht nur zu den größten Friedhöfen Europas, er ist zugleich ein riesiges Freilichtmuseum mit prächtigen und teilweise pompösen Monumenten, das die Bildhauerei der letzten 150 Jahre zeigt. Der Prunk und die Lebendigkeit der Denkmäler, an denen sich der Reichtum der Genueser Familien erahnen lässt, sind einmalig. Ein magischer und stiller Ort, nordöstlich vom Stadtzentrum, am Ufer des Flusses Bisagno gelegen. Hier kann man stundenlang verweilen, die Vergänglichkeit des Lebens wahrnehmen und zugleich die eigenen Sinne für die Kostbarkeit des Moments wieder schärfen. Das wohl bekannteste Monument ist das klassizistische Grabmal des bekannten italienischen Philosophen und Freiheitskämpfers Giuseppe Mazzini, welches in einem Wäldchen oberhalb des Pantheons liegt.

TIPP
Das Monumentalgrab der einfachen Nuss- und Brezelverkäuferin Caterina Campodonico von Genua.

Von den oberen Stufen des Pantheons, ein klassizistischer Rundtempel, blickt man hinunter in Richtung des Haupteingangs und auf den Porticato Inferiore. Die Anordnung der Gräber spiegelt auch die soziale Struktur der Stadtbevölkerung wider. Es gibt sowohl die schlichten Sammelgräber für ärmere Bewohner der Stadt als auch die Grabmäler des gehobenen Bürgertums bis hin zu repräsentativen Grabstätten.

Interessant sind zudem die schlichten Kolumbarien, die an Schließfächer aus Stein erinnern. Für eine weltoffene Hafenstadt wie Genua ist es selbstverständlich, dass auf dem 1844 bis 1851 errichteten Friedhof Menschen aller Glaubensrichtungen ihre letzte Ruhestätte finden. Zwar fährt auch ein Shuttlebus über das große Friedhofsgelände, aber es empfiehlt sich, das weitläufige Gelände zu Fuß zu erkunden. Über eine schmale Straße geht es den Hügel hinauf durch ein Wäldchen, hier findet man zahlreiche Grabstellen mit unterschiedlichen Baustilen und viel Carrara-Marmor aus der Toskana. Es ist tief berührend, sich an der ein oder anderen Grabstätte Zeit zu nehmen, die Fotos der Verstorbenen zu betrachten und sich von der Ruhe am Rande der Hafenstadt umarmen zu lassen und dem Leben zu danken.

● Cimitero di Staglieno, Piazzale Giovanni Battista Resasco 11 r, 16137 Genua (GE)

DEO DOMVS CLARIS MEMORIA GENVENSIBVS

Kichernde Erbsen

19 Ligurischer Abend in der Pizzeria Pivazzano

Macht man sich auf, in die am Rand von San Pietro Vara gelegene Pizzeria Pivazzano in Varese Ligure zu fahren, wird man, sofern man ordentlich Hunger mitbringt, reichlich satt werden. Wenn man die sich rings erstreckenden Hügel ein wenig hinter sich gelassen hat und bei der Ausfahrt aus San Pietro die Gegend langsam wie ein abgelegenes Industriegebiet anmutet, so ist man genau richtig. Einmal den Wagen auf dem wie Brachland aussehenden Parkplatz abgestellt, findet man sich auf der gegenüberliegenden Straßenseite im großen und sehr einfach eingerichteten Speisesaal der Pizzeria Pivazzano wieder.

Schon seit über 30 Jahren steht der Patrone Alessandro in der Küche und begrüßt seine Stammkunden. Ein Mikrokosmos sondergleichen. Hier tummeln sich am Feierabend auch unter der Woche viele Ortsansässige. Großfamilien diskutieren, streiten, essen und lachen ausgelassen, als wären sie zu Hause. Paare jeden Alters sind im Gespräch oder auch tiefem Schweigen versunken. Nicht selten sitzen einzelne Gäste allein an einem Tisch inmitten des gut gefüllten Speisesaals. Vereinzelte Individuen, die fast bewegungslos an ihrem Bier nippen. Als hätten sie schon immer dort gesessen. Manche gehen hier ein und aus, die sich fremd und dabei doch vertraut sind. Solche, die gern gemeinsam einsam sind. Andere, die das Lärmen teilen und auch das Schweigen. Vor allem aber eines: das für einen Italiener unverzichtbare Essen in Gesellschaft. Denn das größte Glück ist es, gemeinsam zu essen.

Zweimal wöchentlich – immer dienstags und freitags – gibt es hier frisch zubereitete Farinata, eine krosse und leicht fettige ligurische Spezialität aus Kichererbsenmehl. Ein absolutes Muss für Liebhaber der ligurischen Küche. Verlässt man die Pizzeria, hat man das Gefühl, den Abend inmitten einer italienischen Dorfgesellschaft verbracht zu haben. Neben einem gut gefüllten Magen nimmt man einen reichen Bilderbogen an Geschichten und einzigartigen Typen mit, die den Geist beflügeln.

TIPP

Kunst- und Fotoausstellungen im mittelalterlichen Burgturm im Zentrum von Varese Ligure.

● Pizzeria Pivazzano, Via Pivazzano 2, 19028 San Pietro Vara (SP), Tel. +39 (01 87) 84 74 21

Im Dorf der bunten Türen

20

Street-Art in Valloria

Valloria ist ein kleines Dorf mit etwa 40 Einwohnern im Hinterland der Provinz Imperia. Es liegt am Ende des bekannten Val Prino. Bis Mitte der Neunziger war Valloria durch Landflucht und fehlenden Tourismus vom Aussterben bedroht, liegt es doch mit einer halben Stunde Autofahrt vom Strand entfernt und schien nichts Außergewöhnliches zu bieten. Als reizvolles Ziel wurde es erst durch seine bemalten Türen bekannt. Ein paar Valloriesi, die selbst in die Stadt abgewandert waren, wollten ihr Heimatdorf wieder interessanter machen und verschiedene Ideen und Initiativen entstanden. So veranstalteten die Valloriesi die Aktion „Künstler bemalen Türen des Dorfes". Seit 1994 treffen sich an jedem ersten Juliwochenende Künstler in Valloria und bemalen Türen. Street-Art auf ligurische Art. Tafeln neben den Türen informieren über den jeweiligen Künstler und sein Werk. Das heutige Ergebnis ist ein Bildersammelsurium – von abstrakter Malerei bis zum Gegenständlichen. Die insgesamt rund 170 Türen im Dorf bilden eine bunte Open-Air-Ausstellung, die jederzeit frei zugänglich ist. Somit bietet Valloria gleich eine Vielzahl von Glücksorten an. Denn bei der Menge an Motiven findet jeder ein Bild, das ihn besonders anspricht und länger vor einer der Türen verweilen lässt. Als Besucher kann man alles in Ruhe genießen, inzwischen sind die Dorfbewohner an Neugierige, die vor ihren Türen stehen, gewöhnt und freuen sich über das Interesse.

Die Tatsache, dass die Anzahl der noch unbemalten Türen naturgemäß abnimmt, hat die Valloriesi dazu veranlasst, auch sogenannte Murales (Wandbilder) zu gestalten. So wird das Dorf noch bunter, als es ohnehin schon ist. Doch man mag hier nicht nur bunte Türen und Hauswände, sondern feiert auch besonders gerne. Im Sommer findet jeden Montagabend auf der Piazza am Dorfeingang ein Fest für Einheimische und Gäste statt. Bei ligurischen Köstlichkeiten, Getränken, Musik und Tanz genießt man wöchentlich den Sommer im ligurischen Hinterland.

TIPP

Das Museum der verlorenen Dinge bietet eine sehenswerte Ausstellung mit einem Raritätenkabinett.

● Bemalte Türen, 18020 Valloria (IM)

Am Rand der Welt

21 Baden am Punta Chiappa im Golfo Paradiso

Von San Rocco führt ein verschlungener Weg bergab bis zum westlichsten Zipfel des Golfes. Unter Pinien wandert man entlang an Zitronenbäumen, kleinen Olivenhainen und im Schatten dösenden Katzen. Immer wieder genießt man erfrischende Blicke auf das türkisblaue Meer. Der Punta Chiappa, wörtlich übersetzt „Pobackenpunkt", des Golfo Paradiso, ist der äußerste ins Meer hineinragende Ausläufer des steilen Berges, der zum großen Parco Naturale Regionale di Portofino gehört. Seine durch die beständige Wellenbewegung abgeschliffenen Felsen ragen flach ins Meer hinein und bilden eine Art Meeresterrasse. Wenn man sich hier niederlässt, werden bald schon lyrische Gedanken und Eingebungen wach. Man fühlt sich ein bisschen wie am Rand der Welt. In dem schier unendlichen Blau, das sich vor einem auftut, entsteht Raum für Neues und dem Geist wachsen Flügel.

Will man nicht nur auf dem Felsen verweilen, so kann man sich mit einem Sprung in das kristallklare Wasser erfrischen. Hier kann man mit den Fischen schwimmen und sogar ganze Schwärme unter sich beobachten. Tänzelnd umkreisen sie den Schwimmenden in immer neuem ruhigen Takt. Die geheimnisvolle Unterwelt des Meeres lässt sich mit Blick auf die hellen Felsformationen, die vom Grund des Meeres hinaufragen, nur erahnen. Faszinierend, sich in dem Meer von nicht enden wollendem Türkis treiben zu lassen und die bunt leuchtenden Fische unter sich zu beobachten. Die Schwerelosigkeit ist wohltuend und vielleicht fühlt man sich, während das frische Salzwasser einen trägt und sanft wiegt, wie eine Möwe, die sich auf ihrem Flug entlang der ligurischen Küste hier niedergelassen hat. Unmerklich wird man erfüllt von Zuversicht. Sich erfrischen wie die Möwe und wie sie vertrauensvoll auf der Meeresoberfläche schaukeln. Wenn sie sich ausreichend gestärkt fühlt, erhebt sie sich in die Lüfte, um ihre Reise entlang des märchenhaft verzaubernden Golfo Paradiso fortzusetzen. So will man, wie die Möwe, einfach nur im Hier und Jetzt leben.

TIPP

Ein Besuch der schönen kleinen Chiesa di San Nicolò, die auf dem Weg zum Punta Chiappa liegt.

● Punta Chiappa, Via San Nicolò, 16032 Camogli (GE)

Unter Palmen

22

Der Giardini Nobel in Sanremo

In der sonnenverwöhnten Bucht zwischen dem Capo Nero und dem Capo Verde liegt Sanremo an der Blumenriviera. Seit 1951 findet hier einmal jährlich das international bekannte und renommierte Musikfestival im Teatro Ariston statt. Nicht wenige Gewinner dieses Wettbewerbs starteten hier ihre internationale Musikkarriere.
Ein von Touristen selten entdeckter Höhepunkt ist die Kasbah, die inmitten der Altstadt La Pigna liegt. Hier lässt sich die einzigartige Atmosphäre, die direkt an Italienerzählungen aus den 50er- oder 60er-Jahren erinnert, erleben. Die Wäsche hängt zum Trocknen raus, baumelt zwischen den Gassen und aus manch einem Fenster weht der Duft von köstlicher italienischer Hausmannskost. Der Kurort liegt geschützt in einer weiten Bucht und ist von malerischen Hügeln umgeben, die Altstadt La Pigna liegt auf einem dieser Hügel. Das mediterrane Klima mit milden Wintern und warmen Sommern macht Sanremo zu einem ganzjährigen Reiseziel. Mit durchschnittlich 2700 Sonnenstunden pro Jahr zeichnet sich die Stadt durch den größten Blumenmarkt Italiens sowie den industriellen Anbau von Blumen aus. Besonders Nelken und Rosen gedeihen hier hervorragend.

TIPP
Auf einen Aperitivo im SudEst zwischen Hafen und Giardini.

Einen ganz besonderen Ort, der jedem ruhesuchenden Liebhaber der Gartenkunst glückliche Momente beschert, findet man ein paar Schritte abseits vom Zentrum. In unmittelbarer Nähe zur Villa von Alfred Nobel, der in Sanremo lebte und starb, liegt der wunderschöne und der Öffentlichkeit zugänglich gemachte Giardini Nobel. Fantastische Bäume, lauschige Sitzplätze und das Plätschern vom großen Brunnen lassen den Garten zu einer Oase des Wohlgefühls werden. Hier lässt es sich am Nachmittag an einem schattigen Platz und unter Palmen bestens durchatmen, bevor man am Strand und Hafen entlangspaziert und sich zum Abendessen an einem schönen Platz mit Meerblick einfindet. Wer nicht genug von diesem satten Grün bekommen hat, der überquert einfach die Straße und besucht das gegenüberliegende Museo del Fiore di Sanremo.

● Giardini Nobel, Via Alfredo Nobel 1, 18038 Sanremo (IM)
● ÖPNV: Bahnhof Sanremo

Das große Ganze

23 Auf der Festung Priamar in Savona

Von La Spezia bis nach Ventimiglia folgt an der ligurischen Küste ein touristischer Höhepunkt dem nächsten. Wem zur Abwechslung nur mal nach ligurischem Alltag zumute ist, der wird sich in der Hafenstadt Savona wohlfühlen, denn hier schert sich niemand besonders um Touristen. Genau das macht den Charme der Stadt, die in vielen Reiseführern gar nicht erst erwähnt wird, aus. Sie besticht durch zahlreiche Kontraste und unprätentiöses Auftreten. Die Festung Priamar wird kaum beworben und die an der Festungsmauer hängenden Banner sind längst von der Sonne verblichen. Hat man hergefunden, eröffnet sich einem im Schatten der mediterranen Bäume eine wohltuende Oase der Ruhe. Je nachdem, wohin man sich auf dem großzügigen Gelände der ehemaligen Festung wendet, kann man den Blick zur Küste hin schweifen lassen oder stadtseitig die Hausdächer von Savona studieren und sehen, wie diese interessante Stadt aufgebaut ist. Verschiedenste Architekturstile prallen aufeinander und manche der Dächer, die sich in Form und Farbe fast alle unterscheiden, stechen krass hervor.

Aus der Mitte des lebendigen Gewimmels ragt souverän der Torre Leon Pancaldo. In früheren Zeiten nach Feinden Ausschau haltend gilt La Torretta, wie der Turm liebevoll genannt wird, heute als Wahrzeichen von Savona. Die alte Festung hingegen strahlt mit ihrem großzügigen Gelände und Abstand zur Stadt eine stoische Ruhe aus, die Kraft gibt und einlädt, sich Zeit zu nehmen. Manchmal tut es einfach gut, mit etwas Distanz durchzuatmen. Das städtische Panorama mitsamt den urigen Laubengängen und die alten, verblichenen Villen an der Küste, der Hafen mit seinen Kränen, all das fließt nun ineinander. Ein Gefühl von Ausgeglichenheit macht sich breit. Das große Ganze tritt wieder in den Vordergrund und die Welt um einen herum wirkt weicher. Entspannt auf der alten Festung sitzend, unternimmt man im Geiste immer neue Ausflüge in diese inspirierende Kulisse und lässt sich von der ligurischen Seeluft den Kopf durchpusten.

TIPP

Das alteingesessene Pane e Farinata, wo sich in uriger Atmosphäre die Savonesi zu Mittag treffen.

- Fortezza Priamar, Corso Giuseppe Mazzini, 17100 Savona (SV)
- ÖPNV: Bahnhof Savona

Ligurisches Berglabyrinth

24 Die Gassen von Apricale mit Wandmalereien

Willkommen in einem ligurischen Labyrinth namens Apricale. Schon bei der Anfahrt blickt man vom Tal aus auf das Dorf mit seinen vielen Häuschen, die wie an den Berg geklebt wirken und scheinbar jeden Moment hinunterrutschen können. Ungefähr 600 Einwohner leben in diesem mittelalterlichen Häuserwirrwarr. Wer die typisch ligurischen Gassen, die Ligurer nennen solch eine Gasse *il carruggio,* entdecken möchte, ist hier genau richtig, denn sie scheinen endlos zu sein. Im Sommer sind die Gassen angenehm kühl, weil kaum bis gar kein Sonnenlicht hineinscheint, und im Herbst und Winter versprühen sie eine melancholisch-mystische Atmosphäre. Die perfekte Kulisse für Verfilmungen aus dem Mittelalter.

Verlaufen kann man sich schnell in diesem Gewirr der kleinen Sträßchen. Nur die Wandmalereien verschiedener Künstler geben eine Orientierung, die manchmal besser ist als die Navigationsapp des Smartphones. Und genau diese Gassen sind das Herzstück von Apricale und zugleich der ersehnte Glücksort. Mit keinerlei Ablenkung und viel Ruhe lassen sich die Gemälde der „Giornata dell'Affresco" bewundern. Natürlich gehört auch Apricale im Merdanzo-Tal (etwa 15 Kilometer nördlich von Ventimiglia gelegen) zur Liste der schönsten Orte Italiens. Vom Strand in Ventimiglia ist man in nur 30 Autominuten im Bergdorf Apricale. Obwohl das letzte Stück der Strecke besonders kurvenreich ist und man vorsichtig um jede Kurve tuckern sollte, lohnt sich der Besuch. Denn hier oben geht es sehr gemächlich zu und das Flair der alten Gemäuer macht es einem leicht, sich ins Mittelalter zurückzuversetzen. Der Name des Ortes leitet sich aus dem lateinischen *apricus,* was „sonnig" bedeutet, ab. Gegründet im 9. Jahrhundert, hat Apricale eine lange Geschichte. Das Dorf erhielt 1267 die älteste autonome Verfassung in Ligurien, die nach der Herrschaft der Grafen von Ventimiglia und noch vor der Herrschaft der bekannten Familie Doria (ab 1276) entstand.

TIPP

Ein Besuch der Pfarrkirche Purificazione di Maria Vergine mit einem Fahrrad auf dem Kirchturmdach.

● 18035 Apricale (IM)

Spirituelle Bergwelt

25 Auf den einsamen Höhen von Carpena

Wenn man sich von den Cinque Terre auf den Weg nach La Spezia macht und einen kleinen Abstecher ins Hinterland wagt, immer schmaler werdenden Straßen bergan durch Wälder folgend, landet man in Carpena, einer Siedlung, die erstmals im 12. Jahrhundert erwähnt wurde und in der sich Himmel und Erde gute Nacht sagen. Steinerne, terrassenförmig angelegte Stufen, die von Gräsern überwuchert sind, führen auf den Gipfel des Hügels, auf dem sich die Kirche San Nicolò und die Überreste einer Burg befinden. Von hier aus kann man den Blick auf La Spezia und die Apuanischen Alpen genießen und, umgeben von üppiger Vegetation, eine erhebende Bergwelt erleben. Mit etwas Glück trifft man den Küster der Kirche, der gerne Auskunft gibt. Aufgeschlossen beginnt er das Gespräch mit den Worten: „Ich bin ein spiritueller Mann." Er erzählt, dass er seit über 30 Jahren hier lebt. „Nur Gott und ich", wie er sagt. Genauso schnell, wie er wie aus dem Nichts aufgetaucht ist, ist er auch schon wieder verschwunden.

Dann ist man wieder allein auf dem Gipfel. Vielleicht nicht ganz. Denn wie auch immer man diese Kraft nennen mag, von der der Küster sprach, sie ist spürbar. Kleine hölzerne Bänke, steinerne Mauervorsprünge sowie liebevoll von Hand gefertigte Plätze mit Devotionalien lassen innehalten. Eine Madonnenfigur unter dem Dach einer winzigen, von Hand gezimmerten Holzkrippe oder eine in einem steinernen Marienhäuschen, eingerahmt von kitschigen Stoffblumen und einer nicht enden wollenden Bergwelt, verströmen eine kindliche Freude. Wenn man hier verweilt, fallen einem plötzlich Antworten zu, während man die Fragen vergessen hat. Man ist einfach nur angefüllt von Ruhe, das Sein verschmilzt mit der sich ins Unendliche erstreckenden Natur. Hier gibt es keine Aufgaben zu erledigen, kein menschliches Lärmen oder gar Maschinengeräusche. Nur man selbst, eingefasst zwischen Himmel und Erde. Aus stillem Zauber und Gegenwärtigkeit erwächst ein Gefühl von Vollkommenheit. Man atmet und staunt. Alles andere hat Zeit.

TIPP

Der Weiler Castè aus dem 14. Jahrhundert und die alte römische Brücke über den Fosso del Carpena.

● Carpena, 19020 Riccò del Golfo di Spezia (SP)

Ein Berg als Druidenschrein

26

Das Dorf Bajardo mit seiner Kirchenruine

Über enge und kurvige Straßen von Sanremo über das Dorf Ceriana führt der Weg hinauf in das auf 900 Höhenmetern liegende historische Bergdorf Bajardo. Schon seit dem ersten Jahrtausend vor Christus und somit lange, bevor die Römer kamen, diente der Berg als Druidenschrein. Heute wirkt der alte Ortskern fast menschenleer und lädt durch eine fast schon mystische Ruhe dazu ein, die Seele baumeln zu lassen. Ein kleines Abenteuer ist der Aufstieg zur Ruine der Kirche San Nicolò. Der Weg vorbei an manchen verlassen aussehenden alten Gemäuern ist gut beschildert und die Kirchenruine dadurch gut zu finden.

Die Kirche San Nicolò mit ihren Grundmauern steht heute noch, nur fehlt ihr das Dach. 1827 wurde Bajardo von einem großen Erdbeben heimgesucht. Während 200 Einwohner die Messfeier am Aschermittwoch zelebrierten, stürzte das Dach der Kirche ein. Es ist ein seltsames Gefühl, inmitten einer zum Himmel hin offenen Kirche zu stehen. Trotz dieses tragischen Unglücks, bei dem mehr als 200 Einwohner ihr Leben verloren, liegt hier auch ein Zauber in der Luft, der uns etwas erzählen möchte vom längst vergangenen Alltag im heute eher ausgestorben wirkenden alten Ortskern von Bajardo.

TIPP

Festa della Ra Barca am Pfingstsonntag mit der Aufführung einer Legende auf dem Dorfplatz.

Doch der eigentliche Glücksort von Bajardo liegt direkt hinter der Kirche oder besser gesagt hinter der Kirchenruine. Dort befindet sich auf einer Wiese die Terrazzo sul Mare. Von hier genießt man einen atemberaubenden Ausblick auf die Ligurischen Seealpen und den 1627 Meter hohen Monte Ceppo – ein unvergessliches Erlebnis. Auf der Bank sitzend, vergisst man die Zeit und blickt in die Schönheit der Berge. Die frische Luft hier oben riecht besonders würzig und begeistert jeden. Auch wenn die Anfahrt nicht ganz einfach ist, belohnt dieser Platz mit einem Hauch von Magie und unberührter Natur. Besonders an einem heißen Sommertag bietet sich ein Ausflug zur Erfrischung nach Bajardo an, denn hier ist es deutlich kühler als unten an der ligurischen Küste.

● Terrazzo sul Mare an der Ruine der Kirche San Nicolò, Via Corte 10, 18031 Bajardo (IM)

Pastaglück

27

Handgefertigte Teigwaren in Cairo Montenotte

Cairo Montenotte mit der hoch über dem Städtchen thronenden Burgruine ist ein quirliges und lebensfrohes Städtchen. Cairo, wie die Ligurer es liebevoll nennen, liegt inmitten des weiten Hinterlandes von Savona. Seit rund 100 Jahren verkehren vom an der Küste gelegenen Hafen der Provinzhauptstadt Seilbahnen direkt in das Gemeindegebiet von Cairo Montenotte. Vielleicht haben das rege Treiben und die Offenheit des Ortes damit zu tun. Inmitten historischer Gebäude aus dem Mittelalter herrscht am gemütlichen kleinen Marktplatz ein fröhliches Durcheinander. Die positive Atmosphäre wirkt ansteckend. Bummelt man weiter durch die umliegenden Gassen der Altstadt, bleibt man spätestens in der Via dei Portici vor einem besonderen Schaufenster stehen. Hier ziehen einen frische Pastasorten in allen erdenklichen Formen in den Bann. Im hinteren Teil des kleinen Ladens blickt ein freundliches Gesicht von der Arbeit auf und lässt einen schnell eintreten.

Sofort fühlt man sich zu Hause bei Ermanno Bonifacino, der das Geschäft von seinen Eltern übernahm, als er 18 war. Heute sagt er von sich, dass er stolz ist auf das, was er geschaffen hat. Auch wenn er manchmal bis zu 20 Stunden am Stück arbeitet, ist er glücklich, wenn seine Gäste begeistert zurückkehren. Das gibt ihm Kraft für lange Arbeitstage. An diesem Ort spürt man Hingabe und Konzentration, kaum etwas lenkt ab von den Auslagen mit den frischen Teigwaren. Klassiker finden sich dort ebenso wie typisch ligurische Pasta. Die genuesische Trenette oder die gekräuselten Trofiette, die kleinen gedrehten Nudeln, deren Zubereitung als Trofie al Pesto in Ligurien ein Muss ist. Ihre einzigartige Form bekommen sie bei der Fertigung durch eine bestimmte Bewegung der Hände. Dieser Ort inspiriert zu gutem, gesundem und vor allem typisch ligurischem Essen. Und er wärmt das Herz. Die Qualität kommt eben auch von dem, der mit Liebe an der Werkbank steht. Beschwingt verlässt man dieses Kleinod mit einer Tasche voller Pastaglück.

TIPP

Das Museum Ferrania Film Museo Palazzo Scarampi zur Geschichte des Dorfes.

● Pasta Fresca „I Portici" di Bonifacino Ermanno, Fabrizio & C. s.a.s., Via dei Portici 21, 17014 Cairo Montenotte (SV), Tel. +39 (01 9) 50 25 33

SISTEL
VENDITA
ASSISTENZA TECNICA

Kunstvolle Keramikfliesen

28 Der Künstlerbalkon von Porto Maurizio

Die heutige Stadt Imperia besteht aus zwei Stadtteilen – Oneglia und Porto Maurizio, die lediglich durch den Fluss Impero getrennt sind. Doch 1923 wurden die beiden Viertel zusammengelegt und bekamen den Namen Imperia. Zusammengewachsen sind sie jedoch bis heute nicht, zu unterschiedlich ist das jeweilige Stadtbild. Vom weniger einladenden Oneglia hebt sich das hübsche Porto San Maurizio mit seinem pittoresken Parasio-Viertel wohltuend ab.

Von Weitem thront die Altstadt von Porto Maurizio mit ihrem malerischen und authentischen Parasio-Viertel wie eine Sahnehaube auf dem gleichnamigen Stadthügel Parasio. In dessen Mitte lugt die klassizistische und angeblich größte Kathedrale Liguriens namens San Maurizio hervor. Unten am Fuße des Hügels liegt die Promenade mit einem schönen Sandstrand, netten Cafés und Bars. An warmen Tagen kann man ins kristallklare Wasser eintauchen oder bei einem erfrischenden Getränk die Surfer auf den Wellen beobachten. Gleich dahinter erstreckt sich ein exklusiver Jachthafen, der zum Verweilen und Jacht-Sightseeing einlädt, oder man macht einen Spaziergang am Wasser entlang.

Ein Glücksort voller Kunst findet sich allerdings im Herzen vom mittelalterlichen Parasio-Viertel in Porto Maurizio. 2021 haben einige Kunstliebhaber aus Imperia einen Künstlerbalkon ins Leben gerufen. Diesen Balcone degli Artisti findet man an der Fassade des ehemaligen Rathauses der Stadt. Hier hängen zurzeit 98 Keramikfliesen, die von internationalen Künstlern mit unterschiedlichen Motiven bemalt wurden. Obwohl dieses Kunstprojekt rasch überregionale Bekanntheit erlangt hat, ist der Ort bislang zum Glück nicht überlaufen. Somit lässt es sich in Ruhe entlang der Mauer spazieren, die einzelnen Werke betrachten und die fast schon meditative Stimmung genießen. Das gesamte Parasio-Viertel wirkt sehr ursprünglich, was den Besuch umso reizvoller macht. Hier begegnet man Bewohnern, die an ihren Hauseingängen stehen und gut gelaunt ein Schwätzchen miteinander halten.

TIPP
Ein Abstecher ins interessant gestaltete Olivenmuseum in Oneglia mit Verkaufsladen.

● Balcone degli Artisti, Via San Leonardo 14, 18100 Imperia (IM)
● ÖPNV: Bahnhof Imperia

Glück auf Rädern

29 Zu Gast bei La Gitana su Route bei Le Grazie

Chiara träumte viele Jahren davon, ihr eigenes Unternehmen auf die Beine zu stellen. Ein kleines Geschäft auf Rädern schwebte ihr vor. 2019 war es dann endlich so weit: Mit ihrem eigenen kleinen Business La Gitana su Route (die Zigeunerin auf dem Weg) hat sie ihren Traum verwirklicht. Mit Sella Derbi, einem beliebten Aussichtspunkt entlang des Pfades der Unendlichkeit, wie einer der Küstenwanderwege heißt, hat sie sich einen außergewöhnlich schönen Platz für La Gitana ausgesucht. Von hier aus hat man einen weiten Blick auf das Meer und kann die Küste um Porto Venere bewundern, das wie die fünf Erden der Cinque Terre zum Weltkulturerbe gehört. Wanderer und Radsportler fast jeden Levels kommen hier auf ihre Kosten. Zahlreiche Wege mit unterschiedlichen Schwierigkeitsgraden führen durch die reich bewaldete Gegend. Kein Wunder also, dass Chiaras Rastplatz auf Rädern als Geheimtipp gilt und beliebter Treffpunkt von Wanderern oder Radfahrerinnen ist. Hier kann man eine Pause einlegen und sich mit süßen oder herzhaften Snacks stärken, bevor es weiter nach La Spezia oder in das grüne Umland der Cinque Terre geht.

TIPP

Die Bucht von Le Grazie mit dem kleinen Hafen und der beleuchteten Kirche ist einen Besuch wert.

Die aufgeschlossene Unternehmerin ist ein Freigeist und liebt es, ihre eigene Chefin zu sein. Dinge selbst zu gestalten und mit verschiedenen Menschen in Kontakt zu kommen sind ihr Ding. Mut und Fantasie braucht es, um sich einen Traum zu erfüllen, und Durchhaltevermögen, um ihn am Leben zu erhalten. Wanderer, Träumer, Poetinnen und neugierige Urlauber finden sich bei La Gitana ein. Chiara macht es Freude, ihren Gästen frisch belegte Sandwiches oder Focaccias zuzubereiten und im Innern ihres türkisblauen Wagens frischen Kaffee zu kochen, den sie mit selbst gebackenem Kuchen oder anderen Dolci (Süßigkeiten) anbietet. Sogar selbst gemachten Likör gibt es. Wenn man den probiert, kann es allerdings sein, dass man, während man mit der lebensfrohen Gastgeberin ins Gespräch kommt, sitzen bleibt, bis die Sonne untergeht. Hier zu sein ist einfach beglückend.

● La Gitana su Route, Sella dei Derbi, Le Grazie, 19025 Porto Venere (SP)

VIN €3,00
BRULÈ
TOAST
COTTO E FORMAGGIO
€3
ESPRESSO €1
DECAFFEINATO €1,5
AMERICANO €1,5
CAPPUCCINO €1,5
THE CALDO €1,5
33 cl
€3,50
ACQUA
€1
CAFFÈ
BICCHIERE
VERMENTINO
MERLOT
COCA COLA
COCA ZERO
THE LIMONE
LEMONSODA
ESTRATTO
ARANCIA LIMONE
CAROTA ZENZERO
€4
AMARI
LIMONCINO
GITANINO
SUCCO
ALBICOCCA
€3

Majestätische Schönheit

30 Handwerk und Barock in Cervo

Ein Spiel aus Licht und Schatten in engen Gassen, hohe Bögen, atemberaubendes Auf und Ab der Wege, Blumen und Olivenhaine im Hintergrund, all das ist Cervo. Das bezaubernde mittelalterliche Städtchen liegt direkt an einem Bergsporn am Golf von Diano Marina in einer einzigartigen Panoramalage. Doch den wahren Glücksort von Cervo muss man sich gewissermaßen erklettern: Die mittelalterliche Altstadt liegt oben auf dem Bergrücken mit starken Steigungen sowie engen Gassen mit Kopfsteinpflaster. Festes Schuhwerk schadet hier nicht. Angenehm schattig und kühl sind die schmalen Sträßchen an Sommertagen und nahezu autofrei. Falls einem beim Aufstieg zum Glücksort überhaupt ein motorisiertes Fahrzeug begegnet, dann eine dreirädrige Ape, die krächzend mit Schrittgeschwindigkeit durch eine Gasse fährt und an einen italienischen Filmmoment erinnert. Zur Barockkirche San Giovanni Battista und dem direkt vor der majestätischen Kirche liegenden Glücksort läuft man vorbei an kleinen Handwerkerwerkstätten und Ateliers. Die Werkräume sind meist offen und die Künstler freuen sich über Besucher. Es ist zu spüren, dass Cervo Kunst und Kultur gegenüber besonders offen ist und überregionale Bekanntheit für diverse kulturelle Veranstaltungen genießt. Ob es wechselnde Sonderausstellungen im Castello di Cervo oder das renommierte Kammermusikfestival sind, Cervo mag die Kunst.

TIPP

Am ersten Septembersonntag: Pennello d'Ora, Künstler stellen in der Altstadt unter freiem Himmel aus.

Oben an der Barockkirche angekommen, ist man überwältigt von der prächtigen Fassade des Gotteshauses aus weißem und rosa Marmor und vom traumhaften Ausblick aufs Meer. San Giovanni Battista überzeugt nicht nur von außen, sondern auch im Inneren durch wunderschöne Deckenfresken, kunstvolle Skulpturen und Altäre. Um beide Aussichten ausgiebig genießen zu können, bietet sich ein Platz an einem der Tische der Bar Mediterraneo an. Hier gerät man leicht beim Genuss einer köstlichen Torta und einem leckeren Cappuccino ins Träumen. Danach lässt sich ausreichend entspannt auch noch das Stadtmuseum im Castello di Cervo besuchen.

● Chiesa San Giovanni Battista, Piazza San Giovanni, 18010 Cervo (IM)

Zauber aus Glas

31 Im Museo dell'Arte Vetraria Altarese in Altare

Seit über 1000 Jahren steht der Ort Altare für qualitativ hochwertige Glasproduktion und ist über die Landesgrenzen hinaus bekannt für seinen weltweiten Export des außergewöhnlichen Altare-Glases. Die altehrwürdige Villa Rosa, in der sich das Museo del Vetro befindet, hat ihren eigenen Charme. Schon beim Betreten der Villa ist ihr imposanter Flur mit der großzügigen Treppe und den alten Gemälden ein Erlebnis. Wenn man Glück hat, wird man von der ehrenamtlich dort arbeitenden Signora Clara empfangen. Sie arbeitet seit Urzeiten in der Glaswelt und weiß eine Menge zu erzählen. Von der heutigen Geschäftsführerin und Gründernachfahrin, deren Leben mit der Glastradition untrennbar verbunden ist, kann man in einem faszinierenden Film mehr erfahren. Nicht nur der Film über dieses besondere Kunsthandwerk von alter Tradition, sondern allein auch die beeindruckende Atmosphäre des historischen Saals ist eine Reise wert.

TIPP

Ein Besuch des Teatro Rosa im nahe gelegenen Carcare. Hier wird mit Inbrunst gesungen und gespielt.

Schon bevor man einen Blick auf die ersten Ausstellungsstücke wirft, die sich auf zwei Etagen verteilen, ist man hier wundersam entschleunigt. Offensichtlich verhält es sich so, dass man nicht nur jede Menge Geschick und Erfahrung braucht, um dem Handwerk des Glasblasens nachzugehen. Um in diese gläserne Welt eintreten zu können und das wirkliche Wunder dieser Kunst zu erfassen, braucht es Langsamkeit und Ruhe. Dieser Ort schenkt sie einem. Spaziert man durch die oberen Stockwerke, findet man in sehr individuell eingerichteten Räumen wunderschön ausgeleuchtete Vitrinen mit Glasobjekten in allen Farben und Formen. Auch wenn man zuvor wenig oder gar nichts von dieser Kunst wusste, wird man verzaubert und findet sich, mit der Begeisterung eines Kindes staunend, vor diesen Wunderwerken wieder. Das Licht verströmt sich in gläsernen Formen oder bildet surreale Kontraste. Ein liebevoll inszeniertes Zusammenspiel von Glas und Licht. Die leuchtenden Schätze bereichern. Die Villa Rosa verlässt man innerlich leuchtend und friedlich inspiriert.

● Museo dell'Arte Vetraria Altarese, Villa Rosa, Piazza del Consolato 4, 17041 Altare (SV), Tel. +39 (0 19) 58 47 34, www.museodelvetro.org

Verlaufen erwünscht

32 Die Piazza San Michele von Albenga

Die aus der Entfernung sichtbaren schlanken, hohen Türme von Albenga ragen heute noch voller Stolz in die Höhe und machen neugierig auf den sehenswerten Teil dieser Stadt, der sich bei der Anfahrt durch das für Ligurien ungewöhnlich weite Tal nicht gleich erschließt. Denn dieser Teil zeigt sich, sobald man die noch recht gut erhaltene Stadtmauer passiert hat. Im Inneren und somit in der Altstadt angekommen, wird man von der Faszination dieser für Ligurien eher untypischen Stadt direkt ergriffen sein. Auf engstem Raum befinden sich die wichtigsten und imposantesten Bauwerke. Weit bekannt ist der Bischofssitz für seine im 13. Jahrhundert entstandenen Geschlechtertürme, mit denen er an das weltbekannte San Gimignano in der Toskana erinnert. Nur dass Albenga noch das Mittelmeer zu seinen Füßen liegen hat.

TIPP

Eis essen im bekannten und beliebten Casa del Gelato.

Mit 60 Metern Höhe ist der Torre del Comune der höchste der noch bestehenden Türme. Direkt an der Piazza San Michele, dem Herzen der Altstadt, befindet sich die Kathedrale und ein paar Schritte weiter das frühchristliche Baptisterium (die Taufkapelle) aus dem 5. Jahrhundert. Der Sakralbau mit dem außergewöhnlichen Grundriss, außen zehneckig und innen achteckig, gilt als das älteste frühchristliche Bauwerk Liguriens. An der länglichen Piazza San Michele liegt an einem Ende das Museo Navale Romano und am anderen beginnt die Via Enrico d'Aste und lädt wie die restlichen drumherum liegenden Gassen zum Bummeln und entspannten Shoppen ein. Wer sich hier vornimmt, sich zu verlaufen, und mit offenen Augen durch die Gassen der Altstadt schlendert, der wird sicherlich an einem der vielen charmanten Piazzetta seinen persönlichen Glücksort in Albenga finden. Einmal im Centro Storico von Albenga angekommen, bieten sich in der ehemals sehr wohlhabenden Stadt mannigfaltige Möglichkeiten für persönliche Entdeckungen. Am besten startet man, wenn man mit dem Auto anreist, am Parkplatz zwischen der Piazza del Popolo und dem Fluss Centa mit einer spannenden Entdeckungstour.

- Piazza San Michele, 17031 Albenga (SV)
- ÖPNV: Bahnhof Albenga

Wunderwald-Welten

33 Waldbaden im Hinterland von Mattarana

Nimmt man den Percorso Natura, der aus der Ortsmitte von Mattarana ins tiefere Hinterland führt, so ziehen einen faszinierende Ausblicke auf die bewaldeten Berge des Umlands schnell in ihren Bann. Während man den weichen Waldboden unter den Füßen spürt, fällt es leicht, sich vorzustellen, dass hier Waldwesen wohnen. Man läuft inmitten duftender Lorbeerbüsche, blühenden Heidekrauts und Farns, auf denen Lichtreflexe tanzen. Es riecht nach Harz. Überall summt und brummt es. Mediterrane Kiefern und ungewöhnlich hohe Pinien rauschen und ihre duftenden Zapfen säumen den Weg. Nach etwa 15 Minuten gelangt man zu einem kleinen Platz, wo das grüne Dach des Waldes sich öffnet und den Blick auf den Himmel und ein außergewöhnliches Ensemble freigibt. Neben einer interessanten Stehtischkonstruktion, deren Fuß ein knorriger alter Baumstamm ist, findet man einen kleinen Gedenkplatz mit einer hölzernen Heiligenfigur, kleine, von Hand beschriebene Steine und andere Devotionalien. Dies ist keiner der üblichen Altäre, wie man sie sonst im katholisch geprägten Italien findet. Dieser verwitterte Altar auf schiefem Sockel sieht aus wie von Kinderhänden bemalt und hat etwas Fröhlich-Verträumtes. Gleich daneben eine ebenfalls hölzerne Sitzbank, so klein, dass vielleicht gerade mal zwei Kinder darauf passen. Ein skurriles Ensemble. Darüber ein Türmchen mit winzigem Strohdach und einer darin aufgehängten Glocke. Wann hat sie wohl zum letzten Mal geläutet?

Auf rund 500 Höhenmetern verweilt man an diesem magischen Platz in einer märchenhaften Welt und staunt wie ein Kind. Umgeben von süßlich-würzig duftendem Wald, selbstvergessenem Vogelgezwitscher und dem zufriedenen Brummen der Insekten, taucht man ein in ein heiteres und zugleich beruhigendes Klangbad inmitten einer grünen Waldkapsel. Denn wie in einer Kapsel außerhalb von Raum und Zeit mag man sich fühlen, wenn man die Sonne untergehen sieht und völlig vergessen hat, den Rückweg anzutreten.

TIPP

Einkehr in der Cantina da Barbara mit phänomenaler Aussicht vom Balkon.

● Waldbaden auf dem Percorso Natura, Via Montegottero, 19020 Mattarana (SP)

Wo Gladiatoren kämpften

34

Das antike Amphitheater in Luni

Ganz unbefangen mag man das Amphitheater von Luni in Ligurien sicher nicht als Glücksort bezeichnen, fanden hier doch vor circa 2000 Jahren Gladiatorenkämpfe statt, bei denen es um Leben und Tod ging. Zurückgeblieben ist ein Bauwerk, das die Schönheit der römischen Architektur und die Faszination für die Antike bis heute widerspiegelt.

Das Amphitheater wurde im 1. Jahrhundert nach Christus erbaut und ist ein beeindruckendes Beispiel für die römische Baukunst. Mehr als 10.000 Zuschauer fanden Platz im größten Amphitheater der Region. Es ist perfekt in die natürliche Landschaft eingebettet und bietet einen spektakulären Blick auf das umliegende Tal der Magra-Ebene. Die Form des vollständigen Theaters lässt sich gut erahnen, auch wenn nicht mehr alles ursprünglich ist. Einige der beeindruckenden Säulen, Bögen und Steinsitze sind noch erhalten sowie restauriert. Der Besuch des Amphitheaters von Luni ist eine Reise in die Vergangenheit und ein Erlebnis zugleich. Es fällt schwer, sich vorzustellen, welche fesselnden antiken Kämpfe hier einst stattgefunden haben. Denn heute strahlt der Ort eine sorglose und entspannte Atmosphäre aus, die jeden Besucher in den Bann zieht. Mit etwas Glück ist man ganz allein an diesem Ort und kann die Schönheit der umliegenden Landschaft, die sich hier am südlichen Zipfel von Ligurien bereits deutlich verändert, und die Wunder der Geschichte gleichzeitig erleben. Eine prima Möglichkeit, sich zu entspannen, in Ruhe zu meditieren oder einfach nur den Moment zu genießen. Am besten direkt auf der Wiese in der Mitte der Arena. Dann wird nicht mehr viel Vorstellungskraft benötigt, um sich in eine andere Zeit zu versetzen und verzaubern zu lassen.

Der Weg von der Autobahn aus ist nicht weit, Parkmöglichkeiten gibt es auf der grünen Wiese in unmittelbarer Nähe des Kassenhäuschens vor dem Amphitheater. Wer dann noch Lust auf mehr Antike hat, der besucht das Museo Archeologico Luni und das daneben liegende Ausgrabungsgelände der versunkenen Römerstadt Luni.

TIPP

Ein Bad im Meer am Strand vom 3 Kilometer entfernten Marinella di Sarzana bietet sich an.

● Anfiteatro Romano di Luni, Via Appia 5, 19034 Luni (SP)

Verzaubernde Kunst

35

Die Villa Casa Museo Jorn in Albissola Marina

Auf den Hügeln von Albissola Marina liegt das außergewöhnliche Museum Casa Museo Jorn. Mitte des 20. Jahrhunderts erschuf der dänische Künstler Asger Jorn dieses faszinierende Gelände, das inmitten einer natürlichen Umgebung zu erstaunlichen Erfahrungen einlädt. Er war Maler und Bildhauer und Begründer einiger Avantgarde-Gruppen seiner Zeit. Als er in den 1950er-Jahren nach Albissola kam, kaufte er zwei alte Gebäude mit dazugehörigem Gelände. Das heutige Casa Museo war eines davon. Gemeinsam mit Umberto Gambetta veränderte er die Umgebung des Gebäudes nach den Grundsätzen der freien und spontanen Fantasie und rief das heutige Museum ins Leben. In dem verwinkelten Gelände der Villa und verschiedenen Innenräumen, die alle begehbar sind, finden sich überall Kunstwerke. Zauberhafte Mosaike, in alte Bruchsteinwände hineingearbeitet, fantasievoll bemalte Kacheln, abstrakte Malereien, kleine, in alte Mauern eingelassene Ablagen und Mulden, in denen sich verwitterte Flaschen aus bunt angemaltem Glas oder Blumentöpfe und kleine Skulpturen finden.

TIPP

Besuch einer der Keramikmanufakturen im nahe gelegenen Albissola Superiore.

Man kann sich kaum entscheiden, wo man sich hinwenden soll, denn das gesamte Gelände zieht einen in seinen Bann und eröffnet durch bunte, abstrakte und verspielte Kunstwerke und Arrangements Einblicke in eine andere Welt. Diese Welt ist den Farben, Formen und verschiedenartigen Materialien und deren Zusammenspiel gewidmet. Die Elemente scheinen allesamt miteinander im Gespräch zu sein. Nimmt man Platz auf einem der Mauervorsprünge, träumt man sich in diese liebevoll verzaubernde Kunstwelt hinein. Man kann lauschend verweilen und innere Bilder aufsteigen lassen oder man lässt seinen Blick weiter schweifen und entdeckt in versteckten Winkeln, Absätzen und Höhen weitere Kunstwelten: eine einzigartige Verbindung von Architektur, Natur, Keramik und Malerei. Die Fantasie wird angeregt und inmitten von Natur und Kunst kann man den Zauber nordischer und mediterraner Mythen erfahren. Eine wahrhaft verzaubernde Zusammenkunft.

● Casa Museo Jorn, Via Gabriele D'Annunzio 6, 17012 Albissola Marina (SV), Tel. +39 (3 33) 1 70 03 16, www.amicidicasajorn.it

Der Gipfel des Genusses

36

Die Pasticceria La Crêpe in Noli

Zu Recht findet man das hervorragend erhaltene mittelalterliche Noli auf der Liste der schönsten Orte Italiens. Ähnlich wie in Albenga sieht man auch hier immerhin noch acht gut erhaltene Geschlechtertürme in der Skyline von Noli, früher waren es sogar mal mehr als 70 Türme. Der Küstenort liegt eingekuschelt in einer reizvollen Bucht. Da es hier nie viel Platz gab, konnte sich glücklicherweise auch keine Industrie ansiedeln. Dadurch konnte Noli viel von seiner ursprünglichen Atmosphäre erhalten und die kleine Altstadt ist tatsächlich bezaubernd. Alte Palazzi, viele Arkadengänge, schattige enge Gassen, liebevoll dekorierte kleine Läden und immer wieder hübsche und lauschige Plätze zum Verweilen finden sich im Centro Storico. Eine Durchfahrtsstraße grenzt den Ortskern vom Strand ab. An der Uferpromenade tummelt man sich zum Abend hin, um zu flanieren, *bella figura* zu machen oder bei einem Spritz oder kühlem Glas Wein die Sommerabende zu genießen. An den Hängen des Monte Ursino wacht die Ruine der gleichnamigen Burg über die bezaubernde Bucht von Noli.

Ganz in der Nähe des Torre dei Quattro Canti befindet sich eine kleine Pasticceria, die das Herz von Schleckermäulern mit Sicherheit höherschlagen lässt. Im La Crêpe gibt es köstliche und liebevoll hergestellte Seelennahrung. Die Auswahl an kleinen Gaumenschmeichlern ist riesig und das Auge isst bekanntlich mit. Allein vor dem kleinen Schaufenster zu stehen und zuzuschauen, wie liebevoll und sorgfältig die Dolci für die Kunden eingepackt werden, wirkt geradezu beruhigend. Die Pasticcini in vielen verschiedenen Geschmacksrichtungen sind Weltklasse, alle von Hand gemacht und in bester Qualität. Man sollte nicht allzu spät kommen, denn die größte Auswahl gibt es noch vor der Mittagszeit. Um die Verwöhnpause richtig abzurunden, sollte man einen Cappuccino im La Crêpe genießen, denn auch der ist wirklich köstlich. Wer von den Pasticcini nicht genug bekommen kann, der nimmt sich einfach noch welche für die Weiterfahrt mit.

TIPP

Der Trenino (kleiner Zug) pendelt in den Sommermonaten jeden Abend zwischen Noli und Spotorno.

● La Crêpe, Via Cristoforo Colombo 61, 17026 Noli (SV)

La Crêpe
PASTICCERIA

Gallisches Dorfleben

37 Auf dem roten Platz von Montaretto

Das kommunistisch verwaltete Dorf liegt an einem pinienbewachsenen Steilhang und sieht aus wie ein normales ligurisches Bergdorf. Doch weit gefehlt, Montaretto ist alles andere als durchschnittlich. In Norditalien gilt es als letzte Bastion des Kommunismus. Die hiesigen Bewohner machen ihr Ding. Und wenn die Regierung schläft, baut man mit vereinten Kräften auch schon mal eine eigene Straße. „Kommunist zu sein bedeutet die Anerkennung von Werten wie sozialer Gerechtigkeit, Solidarität und Völkerfreundschaft", erklärt ein Einwohner in dem Dokumentarfilm „Zum Beispiel Montaretto" (2010) von Farhad Payar und Yasmin Khalifa. In dem kleinen Bergdorf werden diese Werte gelebt. Das Casa del Popolo (Haus des Volkes) ist zentraler Treffpunkt für Debatten, Austausch, Konzerte oder um Karten zu spielen. Man spürt, dass hier viele engagierte Menschen leben, die von einer Gesellschaft des Zusammenhalts und der Gemeinschaft überzeugt sind. Auch der Ärmste kann sich für ein paar Cent einen Wein leisten und in Gesellschaft sein.

TIPP
Alljährlich im Sommer finden Freiluftkonzerte in Bonassola und Montaretto statt.

Das Festa di Solidarietà ist nur eines der Feste, das über die Landesgrenzen hinaus bekannt ist. Viele Gäste kommen jedes Jahr hierher. Auch Veranstaltungen wie eritreische oder ligurische Themenabende mit Essen und Musik tragen zur Finanzierung von gemeinnützigen Projekten bei. Regelmäßig werden benachteiligte Kinder aus aller Welt hierhin eingeladen. In positiver Gemeinschaft wird Frieden erfahrbar gemacht. Frieden findet man auch, wenn man sich berührt von den Eindrücken und Begegnungen auf eine der Bänke am roten Platz setzt. Selbst an Tagen wie diesem, wo der Platz leer gefegt ist und nur eine Katze einem heiser maunzend um die Beine streicht, fühlt man die positive Ausrichtung derer, die hier leben. Es tut gut, sich daran zu erinnern, dass wir gemeinsam Gutes bewirken können. „Eine andere Welt ist möglich", steht am Eingang des örtlichen Hostels. „Ja, sie ist möglich", denkt man und bleibt noch ein Weilchen sitzen.

● Roter Platz, Via Vittorio Vinzoni, 19011 Montaretto (SP)

BAR RISTORANTE
Lorella
PIAZZA
SANDRO

Wenn die Zeit stillsteht

38

Die Piazza beim Strand von Zoagli

Das ehemalige Fischerdorf Zoagli liegt zwischen Rapallo und Chiavari im Landstrich Tigullien. Hier gehen die steilen Klippen teilweise bis zum Wasser und rahmen das Zentrum Semorile wie ein natürliches Amphitheater ein. Bis heute wurde Zoagli von den großen Touristenströmen Liguriens verschont – genau dies macht den Ort und seine Piazza so einzigartig. Solche Orte direkt am Meer findet man nur noch selten an der ligurischen Küste. Die Bucht ist tief eingeschnitten und ein wenig scheint hier die Zeit stehen geblieben zu sein. Wer Ruhe und gleichzeitig den ligurischen Dorfalltag liebt, findet hier sein Glück. Das wussten schon Künstler wie Friedrich Nietzsche und Wassily Kandinsky, die in Zoagli ihre Ferien verbrachten. Lediglich die mächtige Eisenbahnbrücke trennt die nett angelegte Piazza und den vorgelagerten Kiesstrand voneinander. An manchen Tagen steht ein kleines Karussell für Kinder an der Piazza und erinnert an die 60er- oder 70er-Jahre. Aber all dies, ohne großen Lärm oder Unruhe zu verbreiten. Wer am Strand liegen möchte und ein schattiges Plätzchen sucht, entdeckt unter einem der großen Brückenpfeiler sicherlich eine gute Stelle, von der er direkt auf das Ligurische Meer blicken kann. Von dort scheint Portofino so nah zu sein, dass es den trügerischen Eindruck erweckt, man könnte einfach hinüberschwimmen.

TIPP

Ein kleiner Spaziergang am Wasser bis zum Aussichtspunkt La Passeggiata ist lohnenswert.

Nach einem Bad in den Wellen bietet es sich an, ein köstliches Gelato von der an der Piazza liegenden Gelateria Simonetti zu schlecken. Unmittelbar vor der Gelateria sitzt man gemeinsam mit den Einheimischen unter einem großen wunderschönen Baum im Schatten und beobachtet das alltägliche Leben in Zoagli. Von hier aus sind es auch nur ein paar Schritte in die zauberhafte Chiesa Parrocchiale di San Martino. Wer in Zoagli die Zeit vergisst, der bleibt bis zum Abend und genießt mit den Dorfbewohnern bei Sonnenuntergang einen Aperitivo in einer der Piazza umsäumenden Lokale oder spaziert auf dem Klippenweg direkt am Wasser.

- Piazza XXVII Dicembre, 16035 Zoagli (GE)
- ÖPNV: Bahnhof Zoagli

ALIMENTA
FOCACCIA PANINI BIBITE
ALIMENTARI
SPECIALITA' LIGURI
VINI
SELEZIONATI

Champagnergold am Strand

39 Baden und Schlemmen in der Bucht Paraggi

Wer auf nur wenigen Quadratkilometern eine kleine mondäne Welt erleben möchte, ist in der Baia di Paraggi bestens aufgehoben. Und wenn man es geschafft hat, das Auto abzustellen, so kann man hier eine ganz eigene Art Glück erfahren. „Tuffati nel Verde Paraggi" empfängt einen gleich eingangs ein Willkommensbanner, wenn man die schmale Gasse in Richtung Strand geht. „Ab ins Grüne" lautet hier die Devise. Grün ist es hier allemal, in dieser kleinen quirligen Bucht, die eingebettet zwischen mit Pinien bewachsenen Steilhängen liegt. Grüne Schirme flankieren die seitlichen Ausläufer des kleinen Strandes und eine zwischen den flachen Felsen liegende Bar. Hier nimmt man zum Aperitivo Platz und stellt gerne ausladenden Kopfschmuck zur Schau, während einem Sonnenanbeter zu Füßen liegen oder Schwimmerinnen kraulend durch das grünlich-blau glitzernde Wasser gleiten. In dieser einladenden Bucht finden Geltungsbewusste genauso Platz wie selbstvergessene Wasserliebhaber oder Familien, die einfach nur eine Pause einlegen möchten. Ein bunter Mikrokosmos, der jedem seine Freiheiten gewährt und dabei etwas Friedliches hat. Während die kleinen sich kräuselnden Wellen gleichmäßig entspannt in die beschauliche Bucht rollen, macht es sich ein paar Gassen weiter ein kleiner herausgeputzter Hund an champagnergolden glitzernder Leine auf dem Vordersitz eines Cabriolets gemütlich. Daneben stehen Koffer in allen Ausführungen und eine aufgeregt telefonierende Dame läuft gestikulierend auf und ab.

TIPP

Wanderung hinauf zur charmanten Mulino del Gassetta, einer alten Mühle mit Einkehrmöglichkeit.

Wer nach der Auszeit am Strand noch Hunger hat oder einfach nur den Sonnenuntergang in dieser lyrischen Bucht erleben und dabei den Ausklang eines besonderen Tages zelebrieren will, der wird in der Langosteria hinter dem Badestrand bestens bedient sein. Mit Blick auf das Meer, ein Glas mit kühlem Perlwein in der Hand, lässt es sich hier wunderbar sitzen und der ligurischen Sonne zusehen, wie sie mit einem letzten zarten Hauch von Rot endgültig im funkelnden Mittelmeer versinkt. Welch ein Genuss.

● Langosteria an der Baia di Paraggi, Via Paraggi a Mare 1, Paraggi, 16038 Santa Margherita Ligure (GE)

Geister weichen Künstlern

40

Das Künstlerdorf Bussana Vecchia

Ein Geheimtipp ist das aus Ruinen erbaute Künstlerdorf Bussana Vecchia, das auf einem 300 Meter hohen Hügel über dem Meer liegt, nicht mehr. Geschadet hat das Interesse dem künstlerischen Freigeist der Bewohner offenbar nicht. Denn durch die autofreien Gassen weht immer noch eine friedliche Atmosphäre mit einem Hauch von Hippie-Alltag. Der Glockenturm der alten, zum größten Teil zerstörten Barockkirche Sacro Cuore wacht über die Bewohner des alten Dorfes.
1887 wurde das heutige Künstlerdorf zum größten Teil von einem Erdbeben zerstört. Die Überlebenden zogen unten an die Küste, bauten neue Häuser und das neue Bussana entstand, während das alte Dorf der Zeit und somit dem Verfall überlassen wurde. Bis in den 60er-Jahren der aus dem Piemont stammende Maler und Musiker Mario Giani (Künstlername: Clizia) mit dem aus Sizilien stammenden Dichter Giovanni Giuffrè auf die Idee kam, aus dem Geisterort ein Künstlerdorf zu gestalten. In Künstlerkreisen verbreitete sich die Idee schnell und schon bald fanden Kunstschaffende und Lebenskünstler aus Italien, Deutschland, Frankreich, Niederlande und Großbritannien in Bussana Vecchia ihr neues Zuhause. Aus verfallenen Ruinen entstanden pittoreske und einfache Unterkünfte mit teilverputzten Wänden und Kunstwerken an den alten Gebäuden. In den Anfängen ohne Wasser und Strom und unter der permanenten Bedrohung, dass der Ort zwangsgeräumt werden könnte. Doch die Künstler waren gut vernetzt mit den Medien und konnten dies erfolgreich verhindern.
Heute lebt bereits die dritte Generation in Bussana Vecchia. Viele junge Menschen, die hier aufgewachsen sind, bleiben in diesem Mikrokosmos, wahrscheinlich auch, weil sie wissen, dass man nur an wenigen Orten auf der Welt so frei wie in Bussana Vecchia leben kann. Wer etwas von dieser Atmosphäre erleben möchte, der bleibt bis zum späten Abend und setzt sich an einen Feuerplatz auf der rechten Seite des Dorfeingangs. Mit etwas Glück gibt es spontan Livemusik oder andere künstlerische Darbietungen.

TIPP

Die Bar Piazzetta Golosa mit leckerem Cappuccino direkt am Ortseingang.

● 18038 Bussana Vecchia (IM)

ARTISTA
NIELA GABETO
8224

Ligurische Pizzafreuden

41

Die Focacceria Fratelli Tossini in Recco

Wie das Butterbrot in Deutschland ist die Focaccia in Ligurien der kulinarische Tagesbegleiter. Sie ist die Pizza Norditaliens. Die im Zentrum von Recco am Rathausplatz liegende Focacceria Fratelli Tossini ist der beste Platz, um die legendäre Focaccia di Recco mit dem von hier stammenden Käse zu kosten. Ihr herzhafter Duft durchströmt verführerisch die umliegenden Gassen. Um die Mittagszeit muss man zwar eine Wartemarke ziehen, doch wenn man Ligurien ungefiltert erleben will, lohnt diese Unternehmung. Der Laden ist voll von Einheimischen, die laut parlieren. Wer nicht redet und zum allgemeinen Trubel beiträgt, hat entweder gerade den Mund zu voll oder kann vor Hunger nicht mehr sprechen. Allerdings können dies – wenn überhaupt – nur kurze Momente sein, denn es ist laut und alle sprechen, dicht aneinandergedrängt, lebhaft durcheinander.

Das fröhliche Leben ist beeindruckend und man kann inmitten dieses Festes glatt vergessen, warum man hergekommen ist. Schon der aromatische Duft, der aus den sich immer wieder öffnenden Ofenklappen in den Raum strömt, und der bloße Anblick des flüssig gewordenen Käses, der einem vom heißen Blech geradewegs in den Mund tropfen will, sind ein Genuss. Die Auslagen locken mit unterschiedlichsten Sorten ofenwarmen Focaccias, doch das Focaccia di Recco macht unbestreitbar das Rennen. Hier sind nur noch wenige Stücke übrig und trotz beständiger Eile, in der die Focaccia-Bäcker die Bleche nachfüllen, scheint es nie zu reichen. Was für eine Feier der Sinne. Was für eine Verlockung. Selbst die Ohren baden im Klang einer von Vorfreude erfüllten und glückseligen Menge, die alltägliches Zusammensein und gemeinsames Essen feiert wie das Leben selbst. Ob man sich kennt, tut hier nichts zur Sache. Gemeinsam wartet man, von ausgelassener Vorfreude berauscht, auf das Focaccia-Glück. An diesem Ort lässt sich mit Sicherheit sagen: Der Weg ist das Ziel! Das zu erleben ist Genuss und ein Muss, wenn man in Ligurien ist.

TIPP

Ein Besuch der alljährlich im September stattfindenden Fuochi di Recco (Feuerwerk).

● Focacceria Fratelli Tossini, Via Roma 15, 16036 Recco (GE), Tel. +39 (01 85) 7 42 07
www.tossini.it
● ÖPNV: Bahnhof Recco

Opera realizzata con il contributo della fondazione Cassa di Risparmio di Genova e Imperia

Heimeligkeit im Fischerdorf

42 Boccadasse mit Strand und Hafenbucht

Wenn ein Genovesi, so nennen sich die Bewohner der sechstgrößten Stadt Italiens, „Boccadasse" ausspricht, dann gerät man schon ins Schwärmen – so wunderbar klingt der Name des ehemaligen Fischerdorfes. Ungefähr hier beginnt die Riviera di Levante und der charmante Ort gehört noch zum Großraum der alten Hafenstadt Genua in Italien, auch als La Superba bezeichnet, was so viel wie die Stolze, die Herrliche bedeutet. Unterhält man sich mit Einheimischen, erzählen diese gern, dass sogar der weltbekannte argentinische Fußballclub Boca Juniors, bei dem einst Diego Armando Maradona spielte, von ligurischen Auswanderern nach ihrem kleinen Fischerdorf benannt wurde.

Boccadasse bedeutet übersetzt „das Maul eines Esels". Sehr wahrscheinlich hat diese Namensgebung mit der geografischen Form der kleinen Strand- und Hafenbucht zu tun. Denn von einer Landkarte aus betrachtet, kann man die Form eines Mauls zumindest erahnen. Das Fischerdorf ist in der Kategorie Tagesausflüge ein Lieblingsziel der Genovesi, um ein paar Stunden der wuseligen Innenstadt zu entfliehen und einfach nur aufs Meer zu schauen oder zu träumen. Um die kleine Hafenbucht drängen sich auf den Hügeln eng aneinanderliegende bunte Häuserfassaden. Besonders bezaubernd ist bei Sonnenuntergang der Blick von der Via Aurora herunter auf Häuserkulissen und die tosenden Wellen. Mußestunden in einer der umliegenden Bars, ein Bad im Meer am kleinen Strand und danach mit einer köstlichen Focaccia den kleinen Hunger stillen, sind hier ganz einfach möglich.

Wer einen Tagesausflug nach Genua plant, der sollte den Tag entweder im Hafen von Boccadasse mit einem Frühstück beginnen oder ihn mit einem Abendessen hier beenden. Denn hier liegt ein Ort der Beschaulichkeit und Ruhe nur wenige Kilometer neben dem quirligen Stadtleben. Sonntags sollte man den Besuch vermeiden, denn dann kommen viele Genovesi auf die Idee, Energie für die anstehende Arbeitswoche zu tanken. Von der sonnigen Ruhe Boccadasses ist dann kaum noch etwas zu spüren.

TIPP

Cappuccino und Cornetto in der Bar La Strambata mit dem Blick aufs Meer genießen und träumen.

● Spiaggia di Boccadasse, Piazza Nettuno, 16146 Boccadasse (GE)

Capo S. Chiara

Bergbahn-Nostalgie

43

Die Zahnradbahn Principe–Granarolo in Genua

In der ligurischen Hauptstadt sind Standseilbahnen unersetzlich, liegt doch Genua sozusagen schwebend zwischen dem Meer und den Bergen, in deren steile Hänge die Stadt hineingebaut ist. Ohne dieses einzigartige Eisenbahnsystem wäre es für viele Einwohner nicht möglich, ihren Alltag zu bewältigen. Die Principe–Granarolo-Zahnradbahn ist eine der ältesten in ganz Italien und die Fahrt mit der alten roten Bahn ein nostalgisches Erlebnis. Sie wurde vor über 100 Jahren erbaut und verfügt erstaunlicherweise noch immer über den gleichen alten Wagen. Von der Talstation Principe erreicht man nach einer Strecke von etwas mehr als einem Kilometer und der Überwindung eines Höhenunterschieds von knapp 200 Metern Granarolo.

Diese nostalgische Bahn ist so langsam, dass man Genua mal ganz entspannt aus einer anderen Perspektive erleben kann. Schon das Interieur des alten Wagens ist eine Reise wert. Während man immer weiter aufsteigt und die Metropole allmählich hinter sich lässt, sitzt man auf der alten hölzernen Sitzbank, blickt durch die großzügigen Fenster in langsam vorbeiziehende Häuser und Gärten und lässt die Gedanken schweifen. Alles verändert sich. Mit jedem Meter, den sich der kleine Wagen bergauf bewegt, erfüllt einen mehr Zuversicht. Nach rund 10 Minuten ist man auf dem Gipfel, der Bergstation Granarolo, angekommen. Das farbenfrohe Dorf empfängt einen mit einem herrlichen Panoramablick. Genua mit seinem Hafen liegt einem zu Füßen.

Von hier, hoch über der Stadt, bietet sich ein atemberaubender Blick auf den Ligurischen Golf. Man fühlt sich leicht. Es ist, als habe man mit der Fahrt nicht nur die Stadt durchkreuzt und einen anspruchsvollen Weg bewältigt, sondern auch eine innere Hürde genommen und abgestreift. Ein Gefühl von Freiheit macht sich breit. „Steige ein und tauche ab!", scheint dieser kleine rote Zug einem zuzurufen. Er muss es schließlich wissen. Unermüdlich klettert er tagtäglich denselben steilen Berg hinauf und sieht jedes Mal aus, als würde er dabei lächeln.

TIPP

Von der Bergstation Granarolo ausgehend, gibt es viele schöne Wege, die man spazieren kann.

- Zahnradbahn Principe–Granarolo, Piazza del Principe 4, 16126 Genua (GE)
- ÖPNV: Bahnhof Genua Piazza Principe

Faszinierende Ausblicke

44 Der Torre Gropallo und die Parkanlagen in Nervi

Östlich von Genua liegt der Stadtteil Nervi. An der Durchfahrtsstraße herrscht die übliche Hektik einer Vorstadt. Verlässt man jedoch die Hauptstraße und geht ein paar Schritte weiter, strömt einem gleich eine friedliche und ruhige Atmosphäre entgegen und die Betriebsamkeit verliert sich. Vom kleinen Naturhafen führt Richtung Süden die bekannte Fußgängerpromenade Anita Garibaldi, benannt nach der Ehefrau des bekannten italienischen Freiheitskämpfers. Richtung Süden spazierend, genießt man das zauberhafte Panorama bis zur Halbinsel Portofino. Wer noch höher hinaus möchte, der besteigt den Torre Gropallo, einen alten Teil der Befestigungsanlagen, der gegen die osmanischen Dragut-Piraten schützte. Wer etwas Glück hat, der trifft hier den freundlichen Genueser Renzo an und lässt sich von ihm durch die kleine Gemäldeausstellung im Inneren des Turms führen. Nach einer letzten schmalen Treppe oben angekommen, staunt man über die Weite und vergisst für einen Moment die Zeit. Nach dem Gang durch die schmale Turmtreppe und dem außergewöhnlichen Blick von der kleinen Aussichtsplattform bieten sich einige romantische und zauberhafte Badeplätze direkt an den schroffen Felsen für eine Erfrischung im Meer an.

TIPP

Eine köstliche Granita genießt man in der Bar Al Pisacane III direkt auf der Promenade.

Nachdem man sich von der Sonne hat trocknen lassen, geht man den circa 2 Kilometer langen Spazierweg auf der Seemauer bis zum südlichen Ende. Der Weg endet direkt in den Parkanlagen Serra-Gropallo und Grimaldi, die zahlreiche exotische Pflanzenarten beheimaten. Faszinierend ist das angenehme Klima in Nervi. Im Winter ist es hier teilweise bis zu 10 Grad wärmer als in der Innenstadt von Genua. Das liegt an den direkt hinter dem Meer aufsteigenden Bergen, etwa dem Monte Fasce. Vielleicht einer der Gründe, warum sich in Nervi so viele elegante alte Villen mit wunderschönen Gärten und Parkanlagen finden lassen. Wer zum Abschluss der kleinen Wanderung noch etwas Kunst genießen möchte, der besucht die Galeria d'Arte Moderna mit Werken italienischer Künstler in der Villa Serra.

● Torre Gropallo und Parchi di Nervi, Passeggiata Anita Garibaldi, 16167 Nervi (GE)
● ÖPNV: Bahnhof Genua Nervi

Blütentraum mit Meerblick

45

Auf den blühenden Höhen von Sant'Ilario

Am östlichen Ausläufer von Genua, angrenzend an Nervi und Bogliasco, liegt das Viertel Sant'Ilario. Der östlichste Vorort Genuas trennt sich in Sant'Ilario Alto, das tief im Festland in einem hügeligen Gebiet liegt, und Sant'Ilario Mare, das entlang der Küste verläuft. Im Herzen von Sant'Ilario Mare befindet sich die Villa Luxoro. Dort kann man schwelgen wie in alten Zeiten. Die 1903 erbaute Villa beherbergt seit 1951 das Museo Giannettino Luxoro mit einer Sammlung von Gemälden und Antiquitäten der früheren Besitzer. Im Garten der Villa beginnt jedoch die eigentliche Reise. Kleine, liebevoll angelegte Spazierwege, Skulpturen und ein kleiner Brunnen verzaubern und laden ein, unter Kiefern, Palmen und Zypressen in dieser mediterranen Wohlfühloase zu verweilen. In diesem Herzstück in den fernen Ausläufern der Stadt kann man runterkommen und auftanken.

Von diesem Kleinod beflügelt, kann man gestärkt und mit frischem Blick dem ins Hinterland hinaufführenden Weg zum historischen Sant'Ilario Alto folgen, welches inmitten üppigster Natur liegt. Oben angekommen, wird einem ein faszinierendes Panorama über den Golfo Paradiso des Ligurischen Meeres geboten. Das lebendig pulsierende Zentrum Genuas findet sich nur etwa 10 Kilometer Luftlinie entfernt, doch hier oben herrscht ein anderer Takt und man kann man sich an diesem Weitblick gar nicht sattsehen und sattatmen. Erfrischend ist die Meeresluft oberhalb der Stadt und erhaben der Blick. Steht man schließlich vor dem Blumentor zum offenen Meer, hat man den schönsten Platz, um die Sonne im Ligurischen Meer versinken zu sehen. Eine süße Sehnsucht macht sich im Inneren breit. Dieses Tor ist wie eine Schnittstelle zwischen Diesseits und Jenseits. Auch Fabrizio de André, berühmter ligurischer Liedermacher und Dichter aus Genua, besang diesen besonderen Ort. Die Kontraste der Großstadt verschwimmen, während man beginnt, seiner eigenen Melodie zu lauschen. Leichtfüßig tanzt sie über die Wasseroberfläche, hinaus auf das offene Meer.

TIPP

Ausflug zur kleinen Kapelle von Santa Maria Maddalena, die inmitten eines Kastanienwaldes liegt.

● Blumentor oberhalb der Villa Luxoro, 16167 Sant'Ilario Alto (GE)

Glücksgefühle beim Suchen

46

Unterwegs im Labyrinth der Altstadt von Genua

Eines vorweg: Diesen Platz überhaupt zu finden, ist bereits eine Herausforderung. Denn nicht jeder in Genua kennt diese winzige Piazza, die sich zwischen der Via degli Orefici und der Vicco delle Vigne versteckt. In der Altstadt der alten Hafenstadt gibt es unzählige kleine Gassen, in denen man sich wunderbar verlaufen kann – ein wahres Labyrinth. Manche *vicoli* sind sagenumwoben, andere wiederum sollte man eher meiden. Doch die Suche nach der Piazza dell'Amor Perfetto lohnt sich, denn außer dem Straßenschild mit dem poetischen Namen als beliebtem Fotomotiv sind schon die Wege zu diesem kleinen Platz ein Stück vom Glück und ein kleines Abenteuer. Es macht große Freude, sich von einer Altstadtgasse zur nächsten durchzufragen und dabei viel zu entdecken. Was diesen kleinen unscheinbaren Platz zu einem Glücksort macht, ist vor allem die Atmosphäre und die Vorstellung der Geschichte, auf welche der Name des Platzes zurückgeht.

TIPP

Die alten Verkaufsstände mit Büchern, Zeitschriften und Blumen auf der Piazza Banchi in der Nähe.

Tatsächlich stand um 1500 der französische König Ludwig XII. an dieser Stelle und sprach laut die Worte: „Es hätte die perfekte Liebe sein können …" Warum tat er dies und weshalb erinnert man sich noch heute daran? Weil es einfach eine zauberhaft romantische Geschichte ist. Als der König Genua besuchte, verliebte er sich in die schöne Edeldame Tommasina Spinola. Tommasina erwiderte die Gunst, nur leider war die hübsche Frau bereits mit einem Angehörigen des genuesischen Adels verheiratet. Zwischen Ludwig und der Edeldame entwickelte sich eine platonische Liebe, die über Jahre andauerte. Bis zu dem Tag, als Tommasina die Nachricht bekam, dass der König in einer Schlacht sein Leben verloren hatte. Ihr Herz brach und nur wenige Wochen später starb Tommasina an der tiefen Trauer. Als sich die Nachricht als unrichtig herausstellte, war es bereits zu spät. Ludwig erwies Tommasina die letzte Ehre, besuchte Genua und äußerte in diesen Gassen seine romantische Aussage zur perfekten Liebe („Poteva essere l'amore perfetto …").

● Piazza dell'Amor Perfetto, 16123 Genua (GE)

Ligurisches Novemberglück

47 Die alte Olivenölmühle in Celle Ligure

Celle Ligure, im Ligurischen nur Celle genannt, ist mit seinen bunten, eng beieinanderstehenden Häusern ein typischer Fischerort. *Cellae* (lateinisch für Kammern) bezieht sich auf kleine Bauten am Strand, in denen die Fischer einst ihre Ausrüstung verstauten. Flaniert man entlang der Küste, um in erfrischender Weite die salzige Meeresluft zu atmen, findet sich rechter Hand überraschend eine steinerne Ölmühle. Eingerahmt von kleinwüchsigen Olivenbäumen steht sie da, als gäbe es kein Morgen. Sie übt eine magische Anziehung aus und unwillkürlich bleibt man stehen.

Wir alle kennen es. Wir alle lieben es. Keiner kann oder will darauf verzichten und auch die ligurische Küche ist undenkbar ohne das flüssige Gold, wie Homer das Olivenöl bereits vor Tausenden von Jahren nannte. Es ist Hauptbestandteil der mediterranen Küche, die zu den gesündesten Ernährungsweisen der Welt zählt, und die Tatsache, dass der Pro-Kopf-Verbrauch in Italien bei 15 Litern im Jahr liegt, scheint dies nur zu bekräftigen. Auch gilt der Olivenbaum seit Urzeiten als Symbol der Unsterblichkeit.

Die für Ligurien typische Taggiasca-Olive wurde im 11. Jahrhundert durch Benediktinermönche im Zuge des organisierten Olivenanbaus kultiviert und verbreitete sich rasch über die ganze Region. Die relativ kleinen Oliven werden zwischen November und März geerntet und wachsen in steiler Terrassenlage in den Hängen. Während man die altehrwürdige Mühle weiter betrachtet, fällt der Blick auf eine Tafel, auf der sich Zeilen des 2021 verstorbenen Lyrikers Gio Batta Siromba aus Celle finden: „Der November ist zurückgekehrt (…), die Tür der Ölmühle hat sich wieder geöffnet." Er beschreibt, wie er als Junge vor über 50 Jahren seinem Vater half, Oliven zu Öl zu pressen. „Es war eine ganz andere Welt, die man nicht beschreiben kann." So bleibt man verzaubert vor dieser alten Mühle stehen, während Bilder aufsteigen aus einer längst vergessenen Zeit. „Alte Mühle, alter Freund", klingt das Zitat nach und Wertschätzung erfasst einen.

TIPP

Zu Fuß durch die Galleria Crocetta, einen ehemaligen Eisenbahntunnel, der nach Frankreich führte.

- Olivenölmühle, Via Aurelia Levante, 17015 Celle Ligure (SV)
- ÖPNV: Bahnhof Celle Ligure

Dunkelgraue Drachensteine

48

Der Zauber des Schiefers in Cicagna

Ardesia bedeutet Schiefer und eine ganz besondere Art dieses Gesteins findet man am Monte Tuggio im Tal Fontanabuona. In der dortigen Ortschaft Cicagna ist nicht nur ein äußerst interessantes Schiefermuseum beheimatet, welches man unbedingt besuchen sollte, sondern auch der Familienbetrieb Ardesia Mangini. Bergbauunternehmen wie dieses gibt es nur noch wenige in Ligurien. Die Qualität der Steine ist im Fontanabuona-Tal hervorragend, hier hat der Schiefer viele Nuancen an Grautönen bis zu einem fast durchgehenden Schwarz. Angela Mangini gehört zu den Menschen, die lieben, was sie tun. Gemeinsam mit ihrer Schwester Donatella führt sie die Firma in dritter Generation. Angela Mangini macht zwar keine offiziellen Führungen, doch wenn man Glück und sie einen Moment Zeit hat, dann sollte man die Gelegenheit nutzen und sich auf eine Führung durch die Werkhalle des Unternehmens einlassen. Direkt am Firmeneingang beim sogenannten Showroom kann erfragt werden, ob Signora Mangini im Haus ist. Die Begeisterung von Angela Mangini für das Naturmaterial Schiefer springt direkt auf die Besucher über. Und in der Tat ist beeindruckend, wie die Bearbeitung der großen Schieferblöcke vonstattengeht und was alles daraus entstehen kann.

TIPP
Cava Ardè ist eine Grube, die zu einem Museum umgestaltet wurde.

Der hier abgebaute Schiefer lässt sich bis auf eine Stärke von 3 Millimetern pro Tafel spalten, was großes handwerkliches Geschick und Erfahrung erfordert. Mit viel Passion bearbeiten die Handwerker die einzelnen Blöcke, während in der Werkhalle eine fast meditative Stimmung herrscht, was für solch kraftvolle Handwerksarbeiten ungewöhnlich erscheint. Ardesia begegnet man in Ligurien überall, erzählt Mangini mit Begeisterung. Ob Dachpfannen oder Bodenbelag, ob Treppen oder Arbeitsplatten bis zu glänzenden Fußböden von genuesischen Adelspalästen – das dunkle Material ist überall zu finden und wird heute in die ganze Welt verkauft. Beflügelt von einer persönlichen Werksbesichtigung bietet sich im Anschluss der Besuch in einer Ardesia-Boutique in Cicagna an.

● Ardesia Mangini Angela & Donatella SNC, Via Casette 10, 16044 Cicagna (GE)
www.ardesiamangini.it

Der Weg ist das Ziel

49 Wandern auf dem Passo del Rastrello

Über der Bergkette, die sich nordwestlich von La Spezia als Grenze zwischen Ligurien und der Toskana erstreckt, findet sich auf etwa 1000 Höhenmetern der Passo del Rastrello. Er verbindet Sesta Godano im ligurischen Val di Vara mit dem Valle del Gordana und dem toskanischen Ort Pontremoli. Wer eine einsame Runde drehen möchte, ist hier genau richtig. Auf dem in Karten oftmals auch als Foce oder Valico del Rastrello bezeichneten Pass kann man einen herrlich weiten Ausblick bis in die Marmorberge von Carrara genießen und an Tagen mit klarer Sicht sogar bis zum Cap Corse von Korsika. Im Herbst ist die Gegend um den Passo und in den angrenzenden Wäldern ein beliebtes Ziel für Pilzsammler. Verlässt man das Tal bei freundlichem Wetter und lichtem Himmel, so kann es schon mal sein, dass sich die Sicht, je höher man steigt, in kürzester Zeit zuzieht und der Blick nicht einmal mehr den Rand des Fahrstreifens zu erkennen gibt. Dann empfiehlt es sich, die Tour auf einen anderen Tag zu verlegen. In der Regel kann man jedoch im Frühjahr und Sommer entspannt auf den meist ebenerdigen Pfaden des Passo wandern.

TIPP
Mountainbiker können auf der ligurischen Seite gut auf den Pässen Mola oder Bracco touren.

Neben herrlichen Blicken in die Weite lädt auch die unmittelbare Umgebung zum Schwelgen ein. Die umgebenden Hügel verschmelzen mit lieblichen Wiesenlandschaften. Die Vielfalt dieser Berglandschaft, ihre Gräser und Blumen laden ein, auch einmal abseits der Pfade zu verweilen, innezuhalten und die würzige und klare Bergluft zu atmen. Zeit hier zu verbringen, erfüllt einen mit Leichtigkeit. Zeit mit Abstand zum Lärmen der Welt tut einfach gut. Früher diente der Pass vermutlich als Übergang, um das toskanische Hinterland an die wohlhabende genuesische Küste anzubinden. Damals musste man mehrere Tage lang einen mühsamen Marsch mit Maultier und schwerem Gepäck hinlegen, heute kann man jedoch das Privileg genießen, nirgendwo hinzumüssen und auf diesem wunderschönen Bergdach zu entschleunigen und in die raue Schönheit einzutauchen. Der Weg ist das Ziel. Und so genießt man Ligurien von oben.

● Passo del Rastrello, 19020 Zignago (SP)

Eintauchen und abschalten

50 Fantastische Ausblicke in Vezzano Ligure

Vezzano Ligure besteht aus den Ortsteilen Basso und Alto, was ungefähr so viel bedeutet wie „unten" und „oben". Das Wohnviertel Borgo Prione verbindet beide miteinander. Das Dorf blieb von der Abwanderung der Bevölkerung ins Landesinnere weitgehend verschont und konnte seine jahrhundertealte Dorfatmosphäre erhalten. Im malerischen mittelalterlichen Zentrum ist von Hektik keine Spur – der ideale Ort zum Abschalten. In den bezaubernden Gassen trifft man den ein oder anderen Vezzanesi. Für klopfende Herzen sorgen die fantastischen Ausblicke, sowohl vom oberen als auch vom unteren Dorfteil. Mit frischem Blick genießt man auf diesem Berg die Höhenluft und schlendert durch enge Treppengassen vorbei am Torre Pentagonale zum vielleicht schönsten Aussichtspunkt, der Piazza Castello. Dort angekommen, lässt man den Blick in die Ferne schweifen. Es macht Freude, die verwinkelten Gassen zu durchstreifen und den Katzen bei ihren Akrobatikübungen auf den alten Dächern zuzuschauen. Im oberen Ortsteil befindet sich die Chiesa di Nostra Signora del Soccorso mit einer schönen Piazza. Vom großen Platz vor der Kirche schaut man nicht nur ins Val di Magra, sondern auch bis in den meerblau schimmernden Golf von La Spezia. Im Anschluss an die vielen Ausblicke geht es nun wieder bergab in den unteren Teil, denn dort befindet sich direkt an der Via Umberto Maddalena die Terrasse der bei den Einheimischen beliebten Bar Il Bonsai. An den umliegenden Berghängen der Terrasse wachsen Weinreben und Oliven, die sich von der Sonne verwöhnen lassen. Der Blick reicht bis zu den Apuanischen Alpen bei Carrara. In der Bar selbst pulsiert der Mikrokosmos von ligurischem Dorfleben und die Neuigkeiten des Tages werden bei einem Espresso an der Theke ausgetauscht, während Kinder kichernd und voller Glück an ihrem Gelato lecken. Je nach Tageszeit kann man hier einen Cappuccino oder einen kühlen Aperol Spritz genießen. Lebensfreude und Leichtigkeit geben einander die Hand – hier muss das Glück zu Hause sein.

TIPP

Am dritten Sonntag im September feiert immer das ganze Dorf Sagra dell'Uva e del Vino.

● Chiesa di Nostra Signora del Soccorso, Via Roma 4, 19020 Vezzano Ligure (SP); ein öffentlicher Parkplatz befindet sich zwischen Alto und Basso

Erfrischung für Radfahrer

51 An der steinernen Quelle in Ortonovo

Nur etwa 20 Kilometer östlich von La Spezia liegt hoch über dem Tal des Magra und umgeben von zahlreichen Olivenhainen Ortonovo. Hier liegt einem die Welt zu Füßen. Nur ein alter Glockenturm, der den Ort mit seiner interessanten Architektur überragt, erinnert noch an die einstige Renaissancefestung. Im Ortskern trifft man auf kleine verwinkelte Gässchen, verwitterte Steinstiegen mit bunten Blumentöpfen und auf die für viele ligurischen Dörfer so typischen Katzen. Die freundliche Energie des Ortes nimmt einen gefangen.

Wenn man auf dem kleinen zentralen Platz am Glockenturm ankommt, so mag vor dem geistigen Auge das Bild der einstigen Festung wieder lebendig werden. Vielleicht hört man sogar das Rufen der Händler, die ihre Waren feilbieten, oder sieht das bunte Treiben der Festungsbewohner, die zwischen Kirche und Glockenturm fröhlichen Handel betreiben. Lässt man den Platz hinter sich liegen und geht in Richtung Straße, so fällt der Blick unwillkürlich auf eine kleine, in die steinerne Wand eingelassene Trinkquelle am Ortseingang. Man fühlt sich sofort angezogen von diesem Platz, an dem Vergangenheit und Gegenwart sich zu begegnen scheinen. Einerseits ist es diese steinerne Mauer, die an den historischen Kern und einstige Festungsbewohner erinnert. Vielleicht trafen sie sich hier in für die Renaissancezeit typische Gewänder gekleidet, um sich zu erfrischen und Dorfnachrichten auszutauschen. Andererseits weist eine seitlich der Trinkstelle angebrachte Tafel darauf hin, dass dies heute eine Quelle für Radfahrer ist. „Senza tempo", steht da. Ohne Zeit. Und ein Name. Dies liest sich wie eine liebevolle Widmung. Hier kann man sich erfrischen und einen Moment Platz nehmen, Vergangenheit und Zukunft zusammentreffen lassen, während man seinen Gedanken nachhängt. Das Gefühl von Zeit löst sich auf, alles fließt ineinander. Hier wohnt in einer alltäglichen Geste ein schönes Stück Unendlichkeit. Erfrischt setzt man seine Reise fort.

TIPP

Der kleine Fußweg hinauf zur Wallfahrtskirche Santuario del Mirteto aus dem 16. Jahrhundert.

● Steinerne Quelle, Via Lama, 19034 Ortonovo (SP)

DEL CICLISTA
RCO PANTANI
"IL PIRATA"
IZA TEMPO

Betörende Düfte am Wasser

52 Der Garten der Villa Hanbury bei Ventimiglia

Der Garten der Villa Hanbury am Kap Mortola fasziniert nicht nur Botanikliebhaber. Die mehr als 16 Fußballfelder große Gartenanlage ist lediglich einen Steinwurf von der französischen Grenze entfernt und ein wahrhaft grüner Sehnsuchtsort.
Ende des 19. Jahrhunderts entdeckte der britische Kaufmann Sir Thomas Hanbury diese Gegend und verliebte sich in das riesige Grundstück, welches bis ans Meer grenzt. 1867 begann er mithilfe seines Bruders und eines deutschen Gärtners, sein Paradies auf Erden zu schaffen. Ein gut beschilderter Weg führt durch die weitläufige Anlage und lässt kaum einen botanischen Wunsch offen. Von der Zone der vier Jahreszeiten, einem japanischen Garten, über einen australischen Wald, einen Bananenwald oder eine Aloenzone bis hin zu einem Peruanischen Pfefferbaum – hier scheint tatsächlich alles zu wachsen und bestens zu gedeihen. Dem milden Mikroklima am Kap sei Dank. Bergab geht es Richtung Meer und über die alte Römerstraße Via Julia Augusta durch alte Olivenhaine. Durch einen Salbeigarten gelangt man zum Wasser. Unten bietet eine Bar in einem kleinen Steinhaus mit Terrasse Getränke und Snacks an. Auf dem Weg dorthin sollte man unbedingt den Garten der Gerüche passieren. Sir Thomas Hanbury und seine Frau Lady Katherine Pease haben hier ihre letzte Ruhe gefunden und sich im Mausoleum des Gartens in der Nähe des Drachenbrunnens begraben lassen. Das Ehepaar liebte seinen Garten so sehr, dass es in alle Ewigkeit darin verweilen wollte.
Der Garten ist zu jeder Jahreszeit einen Besuch wert. In der Mitte des oberen Teils befindet sich die Renaissancevilla Orengo. Der Palazzo stammt aus dem 14. Jahrhundert und ist die meiste Zeit verschlossen. Er bildet das Zentrum des Gartens und bietet von der Terrasse, die frei zugänglich ist, einen zauberhaften Blick über die gesamte Gartenanlage mit dem Meer am Horizont. Auf dieser Terrasse möchte man einfach nur stehen bleiben, in die Ferne blicken und sich den betörenden Düften des riesigen Gartens hingeben.

● Giardini Botanici Hanbury, Corso Montecarlo 43, La Mortola, 18039 Ventimiglia (IM), www.giardinihanbury.com

Wandeln im Wundergarten

53

Der Parco Villa Durazzo Pallavicini in Pegli

Schon Ende des 19. Jahrhunderts verbrachten die Aristokraten Europas in Pegli ihre Sommerfrische. Steht man vor dem hohen schmiedeeisernen Tor der Villa Durazzo Pallavicini, vermutet man nicht unbedingt, einen außergewöhnlichen Park dahinter vorzufinden. Dieser mystische Garten erstreckt sich über mehrere Kilometer Fußweg, teilweise bergauf, mitten durch Pegli. Man trifft auf architektonische Spielereien wie Rundbögen, bestaunt Brücken, rauschende Wasserfälle und andere kleine Wunder. Der weitläufige und sehr komplex angelegte Park ist eine wahre Exzellenz unter den romantischen Gärten Europas. Dass man dieser Exzellenz seit ihrer Fertigstellung im Jahr 1846 ihr Alter ein wenig ansieht, tut ihrer Schönheit keinen Abbruch. Der Bedacht, mit dem hier alles angelegt wurde, bleibt spürbar.

TIPP

Anreise nach Pegli mit kontrastreichen Ausblicken mit der Linienfähre NaveBus vom Hafen in Genua.

Die Besonderheit dieses Gartens liegt in seiner ungewöhnlichen Strukturierung, die sich über ganze 8 Hektar Hang verteilt. Hier ist nichts dem Zufall überlassen. Die Anlage folgt dem Aufbau einer Theatererzählung. Der Weg, auf den man sich begibt, wurde als Bühnenbild konzipiert und führt einen auf einer Strecke von gut 3 Kilometern von der Vorgeschichte und dem Prolog durch drei Akte hindurch bis zum Finale. Wenn man in die philosophische Erzählung eintaucht, die von der „Ungewissheit des dunklen Waldes bis ins Licht des Paradieses führt", und auf diesem Weg insgesamt vier Szenen durchläuft, in denen sich Seen, Bäche, Wasserfälle, kleine verspielte Gartenhäuser und seltene Pflanzen befinden, fühlt man sich erfrischt und von Leichtigkeit erfüllt. Hier draußen ist das neue Drinnen, denn nirgendwo in der Stadt kann man diese Vollkommenheit und Geborgenheit erfahren, wie sie einem so bewusst angelegten Zauber entspringt. Eine Reise zwischen Kunst, Natur und Spiritualität. Der Kontrast des Parks, der immer wieder Blicke auf städtische Szenerien freigibt, beflügelt. In diesem Park bleibt man in einer eigenen Kapsel von Raum und Zeit. Seelennahrung pur.

● Parco Villa Durazzo Pallavicini, Via Ignazio Pallavicini 13, 16155 Pegli (GE)
● ÖPNV: Bahnhof Genua Pegli

Umgeben von Olivenhainen

54 Dolcedo mit der Chiesa di San Tommaso

Im Prino-Tal, etwa 8 Kilometer nördlich von Imperia, liegt das malerische Dolcedo, umgeben von Olivenhainen. Der Star des schönen Städtchens ist wohl die bekannte Bogenbrücke Ponte Grande oder auch Ponte dei Cavalieri di Malta genannt. Das Wahrzeichen führt in 14 Metern Höhe über den Fluss Prino und verbindet das östliche Viertel von Dolcedo mit den restlichen Stadtteilen. Manche kommen lediglich nach Dolcedo, um kurz zu stoppen und die Brücke zu fotografieren. Dies sollte aber keinesfalls von einem Besuch in Dolcedo abhalten, denn außer dem bekannten Postkartenmotiv mit der Bogenbrücke hat Dolcedo mindestens einen weiteren Glücksort zu bieten.

Zur im 18. Jahrhundert im Barockstil erbauten Pfarrkirche San Tommaso geht es über die Piazza Doria, einem Durchgang an der mittelalterlichen Loggia mit Rathaus und den typischen Bögen, auf einen etwas versteckt liegenden Kirchplatz. Der Platz ist mit hellen und dunklen Kieseln gepflastert. In den warmen Monaten finden hier klassische Musikveranstaltungen statt. Ein Konzertbesuch an einem lauen Sommerabend in dieser Kulisse ist empfehlenswert. In mehr als 20 Jahren Bauzeit hat man im Inneren der Kirche an kräftigen Farben und den für das Barock typischen prunkvollen Verzierungen nicht gespart. Einmal im Inneren der Kirche ist das kräftige Blau und Weiß dominierend und wird lediglich von vergoldeten Stuckarbeiten unterbrochen. Auf den alten Kirchenbänken aus Nussbaumholz sitzend, blickt man in Richtung des Hauptaltars aus mehrfarbigem Marmor und lässt das durch die Bleiglasfenster hereinfallende Licht auf sich wirken. Die blauen Farbtöne lassen frische Kraft tanken und man wartet nur darauf, dass die Kirchenorgel ertönt. Wer starke Farbtöne in Kombination mit Barock mag, der wird hier einen magischen Ort vorfinden. Vollgetankt mit frischer Energie lohnt sich eine Wanderung auf dem alten Verkehrsnetz der Maultierstraßen, die vielfach noch erhalten und meist als Wanderwege ausgewiesen sind.

TIPP

Besuch der Ölmühle Ghiglione unterhalb vom Zentrum mit hervorragenden Ölen und Olivenholzprodukten.

● Chiesa di San Tommaso, Via Edmondo de Amicis, 18020 Dolcedo (IM)

MAJESTAS DOMINI
IMPLEVIT DOMUM
II.PARALIP. C.7

Wozu die Hektik?

55

Die Seele baumeln lassen in Buto

Wenn man die kurvenreiche und lange Anfahrt den Berg hinauf nach Buto geschafft hat, könnte man meinen, man befände sich auf dem Dach der Welt. Der Ursprung dieses Weilers, bestehend aus nur wenigen Häusern, einer Kirche und einem Glockenturm, geht bis ins 6. Jahrhundert zurück. Spärlich besiedelt ist diese Gegend und eine Einkehrmöglichkeit sucht man vergebens. Doch gerade diese Einöde ist beglückend. Auf knapp 700 Metern über dem Meeresspiegel wohnen hier vor allem Stille und Zeitlosigkeit. Die Möglichkeit, „mal zum Nachbarn rüberzugehen", bleibt begrenzt, denn Buto zählt nur ganze elf Einwohner. Die wenigen, recht weit auseinanderliegenden Häuser, die es hier gibt, verbergen wohl so manche Geschichte, denn ganz zufällig stehen sie hier sicher nicht. Der Kuppe dieses Berges wohnt eine besondere Kraft inne. Auf seinem höchsten Punkt finden sich die alte Pfarrkirche und ein wunderschöner Glockenturm, der erst nachträglich erbaut wurde. Auf seinen Glocken ist die Jahreszahl 1900 eingraviert. Von der niedrigen Mauer des Kirchplatzes hat man einen weiten Blick auf die umgebenden Berge und Täler. Bei klarem Himmel kann man in der Ferne – zwischen den sich am Horizont erstreckenden Ausläufern des Apennins – einen Blick auf das Meer erhaschen.

TIPP

Spaziergänge und Ausflüge entlang der Pfade der Alta Via dei Monti Liguri.

Nichts, das die Sicht versperrt. Alles ist großzügig, weiträumig und offen. Die wenigen Menschen, die hier leben, bleiben auch über die Distanz miteinander verbunden. Die lose Zusammenkunft der Häuser wirkt harmonisch. Und der alte Glockenturm erinnert in schlichter Schönheit daran, wie gut es tut, reduziert zu sein auf das Wesentliche und ohne Ablenkung durchzuatmen. Sich selbst als grenzenlos zu erfahren und einmal ganz runterkommen. Nichts, das drängt und lärmt. Hier zu sein ist Urlaub für die Sinne. Mit Blick auf die schwere bronzefarbene Glocke im Zentrum des Turms wird man friedlich und leicht. Sie schweigt nicht ohne Grund. Sie ist nicht stumm, sie hält nur inne. Wie man selbst, wenn man dem eigenen Herzschlag lauscht.

● Buto, 19028 Varese Ligure (SP)

Wenn die Stille antwortet

56

Die Abtei im Regionalpark bei Borzonasca

Die Abtei des heiligen Andrea oder Abbazia di Sant'Andrea di Borzone liegt etwa 3 Kilometer entfernt von Borzonasca im Regionalpark dell'Aveto und inmitten grüner Hügel und tiefer Wälder auf etwa 335 Metern Höhe. Die reizvolle, einsame Lage lässt einen wahrhaft staunen. Der Blick in das liebliche grüne Tal wirkt wohltuend und beruhigend, die Stille ist berauschend. Hier scheint die Zeit stehen geblieben zu sein. Die genaue Geschichte der Gründung des Benediktinerklosters ist ungewiss, vermutlich geht sie zurück bis ins Jahr 712. Den Titel Abtei erlangte das Kloster im Jahr 1184, wobei die heutige Kirche erst im 13. Jahrhundert erbaut wurde. Der übersichtliche Klosterkomplex besteht aus einer Sakristei, Kreuzgang, Pfarrhaus und einem Bauernhaus.

Auf dem Kirchplatz steht eine einzigartige und mystisch wirkende monumentale Zypresse auf einer Wiese. Der Platz ist zur Talseite hin von einer alten Steinmauer mit Sitzmöglichkeit eingefasst. Hier ist ein wirklicher Glücksort zu finden: Ob mit Blick direkt in Richtung Abtei oder hinunter ins endlos grün erscheinende Tal – die Steinmauer ist ein magischer Ruheplatz. Fernab von allem Weltlichen, von reichlich Natur und Stille umgeben, verliert man jegliche Alltagssorgen. Besonders in den frühen Morgenstunden, wenn der Tag gerade erwacht, hat dieser Platz einen ganz besonderen Reiz. Eine kleine, kurvige Straße führt hinauf bis vor die Abtei auf einen winzigen Schotterparkplatz. Lohnender ist jedoch der Fußweg zum Kloster, auf dem die Stille nicht durch Autolärm gestört wird. Der kleine Wanderweg (Sentiero) beginnt circa 2 Kilometer unterhalb des Klosters, ist gut beschildert und führt durch Wälder den Berg hinauf. Mit jedem Schritt in Richtung Kloster nimmt die Stille zu, lediglich das Vogelgezwitscher in den Wäldern sorgt für eine angenehme Geräuschkulisse. Aufgetankt von der die Abtei umgebenden Ruhe und in einer meditativen Stimmung, geht es leichten Schrittes auf dem gleichen Weg zum Ausgangspunkt zurück.

TIPP

Erfrischen mit einem Bad in einer Mulde des Flusses (Fiume) Trebbia direkt im Wald.

● Abbazia di Sant'Andrea di Borzone, Via Abbazia 63, 16041 Borzonasca (GE); Parkmöglichkeit an der Via Borzone 6, 16041 Borzonasca (GE), am Wegrand (den Berg hoch rechts) in einer Kurve beginnt der Wanderweg

Mystisches Meer

57

In der Bucht des Fischerdorfs Tellaro

Das Eindrucksvollste an Tellaro ist die Tradition des Weihnachtstauchens. Eine magische Atmosphäre umhüllt die Stadt während dieses traditionellen Festes, das eine der ältesten und stimmungsvollsten Weihnachtsveranstaltungen in Ligurien ist. Die Unterwasserweihnacht von Tellaro hat ihre Wurzeln in den 1960er-Jahren. Die Nacht vom 24. auf den 25. Dezember wird alljährlich in einer erstaunlichen Szenerie gefeiert.
Bereits am frühen Heiligabend ist das ganze Dorf auf den Beinen, um zu einer besonderen Atmosphäre beizutragen. Hunderte von Kerzen werden platziert und beleuchten die kleinen Straßen des Dorfes und den Felsen, der den winzig kleinen Hafen des mittelalterlichen Fischerdorfes umgibt. Die Dorfbewohner tun ihr Bestes, um eine magische Nacht zu erschaffen, die Gläubige wie auch neugierige Gäste in ihren Bann zieht. Es gibt Führungen zu beleuchteten Aussichten des Dorfes und Livemusik, die den nahenden Höhepunkt der Unterwasserweihnacht vorbereitet. Zu vorgerückter Stunde steigt dann wie einem geheimen Ruf folgend eine Gruppe von Tauchern aus dem Meer auf. Ein magischer Moment.
Von der Chiesa di San Giorgio, die mit dem gegenüberliegenden Felsen die kleine Hafenbucht einrahmt, hat man einen märchenhaften Blick auf das Geschehen. Meereswesen gleich erscheinen die Taucher an der Wasseroberfläche und tragen eine wächserne Statue des Jesuskindes aus den Tiefen des Meeres hinauf. Mit großer Achtsamkeit wird sie bis an Land getragen, wo sie schließlich dem Pfarrer übergeben wird. In einer feierlichen Prozession wird sie durch die Gassen von Tellaro bis zur Pfarrkirche Stella Maris getragen, wo um Mitternacht die heilige Messe gefeiert wird. Festliche Gesänge und ein Feuerwerk bilden den Höhepunkt dieser außergewöhnlichen Feier. Und sollte es einen irgendwann woanders hinziehen: Tellaro verlässt man mit einem Lichtermeer im Herzen. Die liebevolle und feierliche Zeremonie des ganzen Dorfes wirkt noch lange nach.

TIPP

Das Nachbardorf Fiascherino ist sehenswert und besitzt einen schönen Strand.

● Kleine Hafenbucht, 19032 Tellaro (SP)

Fernab der Hektik

58 Wandern und einkehren rund um Pantasina

Pantasina, welch märchenhafter Name für dieses malerische Dorf im Hinterland von Imperia. Auf einer Höhe von 430 Metern über dem Meeresspiegel thront es über dem Val Prino. Eine der beeindruckendsten Eigenschaften von Pantasina ist zweifellos seine herrliche Panoramalage. Von hier aus erstreckt sich der Blick über das gesamte Prino-Tal. Die atemberaubende Aussicht wird von großen Eichen- und Kastanienwäldern eingerahmt, die dem Ort mit seinen circa 120 Einwohnern neben etlichen Olivenhainen eine besondere Atmosphäre verleihen. Pantasina bietet seinen Besuchern eine unaufgeregte Mischung aus Natur, Ruhe und authentischem ligurischem Flair.

Die Anreise nach Pantasina über die SP39 von Dolcedo ist jedoch ein kleines Abenteuer. Entlang einer teilweise sehr engen und kurvigen Strecke, gesäumt von eindrucksvollen Trockenmauern und Olivenhängen, geht es bergauf. Die Fahrt erfordert, wie so oft in Ligurien, ein wenig Courage und gute Nerven, doch die Belohnung für die Wagemutigen ist ein unvergleichliches Erlebnis: Direkt an der Hauptstraße im Zentrum des Ortes, in unmittelbarer Nähe der großen Pfarrkirche und quer gegenüber der Katharinenkapelle, gibt es ein kleines Ladengeschäft. Hier kann man neben dem Einkauf von Lebensmitteln und Olivenöl von ortsansässigen Bauern auch einen Cappuccino trinken und ein frisch belegtes Panini essen. Am Eingang ist ein kleiner Bistrotisch mit ein paar Sitzgelegenheiten, die dazu einladen, den geruhsamen Dorfaktivitäten zuzuschauen.

Auf den Wanderwegen rund um Pantasina sind ausgedehnte Spaziergänge oder Erkundungstouren durch die Wälder möglich – ein wahres Paradies für Naturliebhaber. Das liebenswürdige Inhaberpaar des Ladens gibt gerne einen Wandertipp für die unmittelbare Umgebung mit auf den Weg. Ein zauberhafter Platz findet sich etwas außerhalb von Pantasina. Etwa einen Kilometer über die Via Santuario auf der SP93 liegt am Rand einer Kurve die neuromanische Wallfahrtskapelle Madonna della Guardia von 1934 mit einer fantastischen Aussicht.

TIPP

Das Kastanienfest am zweiten Sonntag im Oktober, wenn das ganze Dorf auf den Beinen ist und feiert.

● La Bottega del Paese, Via Michele Ameglio 2, 18020 Pantasina (IM)

A BITEGA
du paise

Mandel trifft Steinpilz

59

Sassello, im Zuhause des Mandellikörs

Im bergigen Hinterland von Savona, an der Grenze zum Piemont, liegt Sassello. Verschwunden ist das mediterrane Flair der Küste. In dem von tiefen Wäldern umgebenen Ort herrscht ein raueres Klima. Im historischen Zentrum stehen wie zum Schutz die Häuser eng aneinander, an deren Seite gleich eingangs ein kleiner Turm hervorlugt. Um der kühleren Bergluft zu trotzen, rückt man hier enger zusammen. Auf das Miteinander kommt es schließlich an. Wahrscheinlich gibt es auch deswegen hier so viele Feste, auf denen man gemeinsam feiert und speist.

Sassello ist überregional bekannt für seinen Mandellikör Amaretto di Sassello und seine Amarettini, die kleinen süßen Mandelplätzchen, die besonders zu Kaffee oder Dessert hervorragend schmecken und nachhaltig den Gaumen verzücken. Die umliegenden Wälder gelten zudem als Pilzparadies. Kastanien und Traubeneichen bieten den optimalen Nährboden für besondere Steinpilzsorten.

In der kleinen Ausstellung L'Artigiana del Fungo gibt es antike Geräte zur Verarbeitung lokaler Köstlichkeiten zu bestaunen. Doch wer es lieber süßer mag, für den ist das Festa dell'Amaretto im Herzen von Sassello der absolute Höhepunkt. Hier entfaltet sich für Liebhaber süßer Gaumenfreuden wahrer ligurischer Zauber. Jedes Jahr öffnen die ansässigen Makronenmanufakturen ihre Pforten; es werden Makronen gebacken und reichlich probiert. Der süßliche Duft weht einem verführerisch um die Nase. In den Gassen des anheimelnden Bergdorfes herrscht eine ausgelassene Stimmung. Man trifft sich draußen vor Eingängen, auf Stufen, an Bistrotischen oder sitzt auf spontan bereitgestellten Stühlen. Es ist für alle Platz und ob man steht oder sitzt – es wird in vollen Zügen genossen. Diese süßen Momente wirken auf geheimnisvolle Weise nach. Man fühlt sich leicht und beschwingt. Genießend erlebt man herzliches ligurisches Miteinander bei bester Verköstigung und schwelgt im Herzen von Sassello in Wohlgerüchen und süßen Versuchungen, die man so schnell nicht wieder vergisst.

TIPP

Die Feinkostläden mit ihren regionalen Angeboten wie Mandelkeksen, Amaretto und getrockneten Pilzen.

● Centro Storico, Piazza Concezione 8, 17046 Sassello (SV)

AMARETTI
FUNGHI
Nuovi Amaretti
di Sassello
econdo le vecchie
cette rispolverate
AMARETTI
TRADIZIONALI
€ 9,00
500g
€ 12,00
650g
AMARETTI
DI SASSELLO SOFFICI

Zwei Gesichter einer Stadt

60

Sestri Levante und seine zwei Buchten

Sestri Levante, an der westlichsten Spitze des Golfo Tigullio gelegen, präsentiert sich mit nicht nur einem, sondern gleich zwei faszinierenden Gesichtern. Während die Neustadt eher hektisch wirkt, entfaltet die Altstadt mit der vorgelagerten Halbinsel Portobello einen zauberhaften Charme. War die Isola im Mittelalter tatsächlich noch ein Eiland, so ist sie in den letzten Jahrhunderten durch die Verlandung zu einer Halbinsel geworden. Dem Ambiente der heutigen Altstadt hat das Naturereignis keineswegs geschadet. Denn auf der entstandenen Landzunge befindet sich die Altstadt mit ihren wunderschönen bunten Palazzi. Was Sestri Levante jedoch besonders macht, sind die Baia del Silenzio (Bucht der Stille) und die Baia delle Favole (Märchenbucht). Ihren Namen erhielt Letztere nach einem längeren Aufenthalt des dänischen Autors Hans Christian Andersen. Die Bucht auf der gegenüberliegenden Seite, hinter den Altstadtgassen, ist trotz der circa 19.000 Einwohner zählenden Stadt von einer berauschenden Stille geprägt. Eine Handvoll Ruderboote schaukelt im Wasser und man kann ein Bad in der geschützten Bucht nehmen. Wer klassisches Strandambiente sucht, der wechselt zur Märchenbucht und wird sich dort bestens aufgehoben fühlen. Vom schönen Sandstrand mit seinem klaren Wasser blickt man direkt auf die grüne Halbinsel Portobello.

TIPP

Besuch der im Renaissancestil errichteten Basilika Santa Maria di Nazareth.

Sehnt man sich nach ein wenig Ruhe, gelangt man fußläufig schnell in den Park Giardini Pubblici Mariele Ventre. Mit seinem Grün, vorgelagert zur Märchenbucht, scheint er von den meisten Besuchern der Stadt übersehen zu werden. Vielleicht macht gerade diese Atmosphäre den kleinen Park so besonders. Er bietet den Menschen, die auf dem Weg zum Strand sind oder gerade aus dem Gewirr der Altstadtgassen kommen, einen Ausgleich zum lebhaften Alltag der Stadt. Hier lässt sich für einen Moment verweilen und nur ganz subtil nimmt man die Geräusche einer Küstenstadt im Sommer wahr, während von irgendwoher der Duft eines italienischen Kaffees herüberweht.

- Baia del Silenzio und Baia delle Favole, Piazza Giacomo Matteotti, 16039 Sestri Levante (GE)
- ÖPNV: Bahnhof Sestri Levante

Bunt gemischtes Ligurien

61

Auf dem Mercato Orientale in Genua

Der Mercato Orientale verdankt seinen Namen zwar der Tatsache, dass er im Osten der ligurischen Hauptstadt liegt. Orientalisches Flair findet man hier dennoch. Die historische Markthalle lockt in der oberen Etage mit einer großen Auswahl an Ständen. Und obwohl man dem 1899 erbauten Gebäude sein Alter deutlich ansieht, wird man sich vom lebhaften Gewimmel, in dem auch viele Einheimische einkaufen, schnell mitreißen lassen. An den Ständen türmen sich farbige Obst- und Gemüseberge. Dicke Knoblauchzöpfe und glänzende Peperoni baumeln von der Decke. Stände mit Kräutern, Gewürzen, verschiedenen Pestosoßen und mächtigen Brocken Parmesankäse locken mit ihrem faszinierenden Anblick. Frisch gefangene Fische leuchten in allen Farben, noch warmes Brot duftet verführerisch, während prall gefüllte Körbe mit frischen Zitrusfrüchten in allen Gelb- und Rottönen mit tiefroten Tomaten in allen Größen und Formen wetteifern. Dieses satt-reife Rot mit dem Geschmack von Sonne, das gibt es nur südlich der Alpen. Ligurische Gaumenfreuden sind hier mehr als nur ein Versprechen. Hier werden kulinarische Wünsche wahr.

Denn während es vormittags eher laut und lebhaft zugeht, wird es gegen Abend langsam ruhiger. Dann kann man, trunken von Düften und angefüllt mit Eindrücken ligurisch-orientalischen Marktgeschehens, im Erdgeschoss den hungrig gewordenen Magen füllen. Dort befindet sich, umgeben von Säulengängen und Arkaden, mittig der gläsern überdachten Halle eine große Theke, die von zahlreichen Essensständen umgeben ist. Bei den einzelnen Anbietern gibt es die unterschiedlichsten Spezialitäten und eine breite Auswahl lokaler Weine. Zwischen Lachsalven und aufgeregten Diskussionen wird vom genuesischen Zwiebelkuchen bis Trofie al Pesto so ziemlich alles verzehrt, was einen Namen hat. Wie auf einem bunten Streetfoodfestival geht es hier zu. Ein perfekter Platz, um sich treiben zu lassen und zu schwelgen, während der Gaumen auf das Freundlichste gekitzelt wird.

TIPP

Besuch des alten Leuchtturms in Genuas Hafen. Seine Geschichte reicht bis in das Jahr 1128 zurück.

● Mercato Orientale, Via Venti Settembre 75 r, 16121 Genua (GE)

● ÖPNV: Bahnhof Genua Brignole

1,99
AL KG

Der Zauber des Klingensees

62

Alpinähnliche Landschaft am Lago delle Lame

Nicht weit von Santo Stefano d'Aveto liegt in der Gemeinde Rezzoaglio, tief im Wald am Fuß des Monte Aiona und auf etwa 1100 Höhenmetern, der bezaubernde Lago delle Lame. Dieser Ort ist ein wahres Juwel für Waldliebhaber. Nur 55 Kilometer und etwa anderthalb Stunden Autofahrt trennen diesen verträumten See von der belebten und eng bebauten Küste bei Rapallo. Die letzten Kilometer schlängeln sich durch den tiefen Klingenwald, der selbst an heißen Sommertagen angenehmen Schatten und wohltuende Kühle spendet. Trotz der Nähe zum Meer eröffnet sich hier oben in den Bergen des Regionalparks dell'Aveto eine völlig andere, fast schon alpinähnliche Landschaft.

Hier findet man den idealen Rückzugsort, um dem sommerlichen Trubel am Strand für einen Tag oder mehr zu entkommen und bei angenehmen Temperaturen vollständig in die Stille und Ruhe dieser ursprünglichen Landschaft einzutauchen. Es lohnt sich, früh aufzustehen und bereits in den Morgenstunden am Lago delle Lame zu verweilen. Zu dieser Zeit besteht die hohe Wahrscheinlichkeit, dass man allein am See sitzen kann, während man träumerisch in das klare hellgrüne Wasser blickt oder liest. Dabei genießt man die ersten warmen Sonnenstrahlen des Tages und taucht erst aus seinen Träumen auf, wenn die frühen Wanderer am See entlangschlendern. Im Laufe des Vormittags füllt sich die Umgebung des Sees allmählich und man genießt den ersten Cappuccino des Tages auf der Terrasse des kleinen Gasthauses inmitten der Waldluft.

TIPP

Besuch des liebevoll gestalteten Waldmuseums in unmittelbarer Nähe zum See.

Vor Tausenden von Jahren befand sich an der Stelle des Lago delle Lame ein großer Gletscher, der zum 1701 Meter hohen Monte Aiona gehörte. Geblieben sind kleine Becken wie der bezaubernde Lago delle Lame, der heute ein Zufluchtsort für alle Ruhesuchenden und Naturliebhaber ist. Zahlreiche Forellen finden hier einen fantastischen Lebensraum. Die hübschen Fische lassen sich mit ein wenig Glück vom Rand aus beobachten und die sanften Schwimmbewegungen dieser Tiere haben eine nahezu beruhigende Wirkung auf die Betrachter.

● Lago delle Lame, 16048 Rezzoaglio (GE)

Goldener Schmetterling

63

Lichtzauber im Giardino delle Farfalle in Lerici

Inmitten der Hügel zwischen Lerici und Romito Magra liegt der Monti di San Lorenzo. Von einem kleinen, verschlungenen Pfad kommt man nach wenigen Gehminuten an einer Ruine, dem verfallenen Glockenturm der mittelalterlichen Kirche San Lorenzo, vorbei zu einer verwunschenen Anhöhe. Hier liegt der Giardino delle Farfalle, der Garten der Schmetterlinge. Umgeben von alten Mauerresten, Wildblumen, mediterranen Büschen und Bäumen, finden sich hier vier beindruckende Megalithen in Form einer Raute. Eine stille und erhebende Kraft geht von diesem Platz aus, der die kleine Schwester des englischen Stonehenge sein könnte.

La Farfalla Dorata (der goldene Schmetterling) ist ein Lichtspiel, das nur von Ende Juni bis Ende Juli mit den letzten Sonnenstrahlen des Tages zu beobachten ist. Wenn diese am Abend ihren Weg durch die Steine suchen und schließlich den Waldboden erreichen, entsteht durch das Zusammenspiel von Licht und Schatten auf der Oberfläche des nördlichsten der vier Felsen die Projektion eines golden schimmernden Schmetterlings. Dass man diesen leisen und doch spektakulären Moment nur wenige Minuten am Ende des Tages und nur in diesem kurzen Zeitfenster eines jeden Jahres erleben kann, macht ihn umso einzigartiger. In Stille die besondere Energie dieses Ortes aufzunehmen oder mit dem Gefühl der Zeitlosigkeit darin zu verweilen, schenkt Kraft und öffnet das Herz. Einst sollen in dieser Gegend keltische Stämme gesiedelt haben. Wer weiß, ob dieser Platz mit seinen jahrtausendealten Steinen nicht früher schon als Stätte für feierliche Rituale wie dem Zelebrieren der Jahreszeiten, Fruchtbarkeitsfesten oder dem Übergang von Leben und Tod diente? Bei allen Spekulationen ist eines gewiss – das Erscheinen des Schmetterlings ist der Kenntnis des genauen Laufs der Sonne zu verdanken und sicher kein Zufall. Sein magisches Bild hinterlässt auch lange nach seinem Verschwinden ein wärmendes Glücksgefühl.

TIPP

Wanderung zur etwa 3 Kilometer entfernt liegenden Osteria di Redarca mit schönem Garten.

● Il Giardino delle Farfalle, Monti San Lorenzo, 19032 Lerici (SP)

Am Arbeitsplatz von Monet

64

Auf den Spuren des Malers in Dolceacqua

10 Kilometer nördlich von Ventimiglia im Val Nervia liegt das bezaubernde Dolceacqua. Wie in einer Bilderbuchansicht, umgeben von den Ausläufern des Monte Rebuffao, liegen im Sonnenlicht zahlreiche Weinterrassen, auf denen die Reben für den bekannten DOC-Rotwein Rossese di Dolceacqua wachsen. Voller Stolz erzählen die Dolceacquini, dass ihr Rotwein als erster ligurischer Wein mit dem DOC-Zeichen, welches für einen kontrollierten Ursprung steht, ausgezeichnet wurde. Der leichte, fruchtige Rossese wird hier überall angeboten und getrunken. Schon Napoleon und Claude Monet sollen ihn gemocht haben.

Das Wahrzeichen der Stadt sieht man bereits bei der Anfahrt. Die steinerne Bogenbrücke aus dem 14. Jahrhundert überspannt den Fluss Nervia mit einer Spannweite von 33 Metern. Sie verbindet den historischen Ortsteil Terra mit dem ebenfalls mittelalterlichen Ortsteil Borgo Nuovo. Die zauberhafte Brücke inspirierte den französischen Impressionisten Claude Monet zu einem Gemälde. Er war so begeistert von diesem architektonischen Meisterwerk, dass er sogleich Pinsel und Farbe ausgepackt haben soll, um es zu malen. Die Stelle, an der Monet das Bild malte, ist mit einer Gedenktafel markiert. Wer hier steht und die Brücke betrachtet, spürt die Leichtigkeit in der Verbindung von Wasser und Stein. Wahrscheinlich nahm Monet Ähnliches wahr und gab dem Werk deshalb den Titel „Juwel der Leichtigkeit“. Vielleicht half ihm auch der köstliche Rossese dabei …

TIPP

Naturdokumentationen im Visonarium, einem 3-D-Kinoraum in einem umgebauten Stall unterhalb der Burg.

Von der Brücke aus gelangt man in ein märchenhaftes Labyrinth von Gassen, die mit pittoresken Stützbogen überspannt sind, um die ungewöhnlich hohen Steinhäuser besser vor Eindringlingen zu schützen. Heute befinden sich in den Gassen kleine Läden, Ateliers und viele Geschäfte mit Kunsthandwerk. Wer die Gassen bergauf bis zur Burgruine durchquert, hat die Möglichkeit, das Castello dei Doria, das lange im Besitz der Adelsfamilie Doria gewesen ist, zu besichtigen. Von hier aus genießt man einen herrlichen Weitblick über Dolceacqua und Umgebung.

● Ponte Vecchio di Dolceacqua, 18035 Dolceacqua (IM)

Schönste Wellenbrecher

65

In der felsigen Badebucht von Framura

Nur wenige Kilometer vom Trubel der Cinque Terre entfernt liegt Framura. Ein stilles Juwel, das aus fünf über die Hänge verstreuten Dörfchen besteht. Wie in einem Dornröschenschlaf liegen sie da. Vielleicht liegt es daran, dass man ein wenig Einsatz an den Tag legen muss, um zu diesem schönen Flecken Erde zu gelangen. Entweder man schlängelt sich durch begrünte Hänge mit dem Auto hinab oder man fährt mit dem Rad an der Küste entlang und nutzt die stillgelegten Eisenbahntunnel, die zu Fahrrad- und Fußgängerwegen ausgebaut wurden und die Küstenorte Levanto, Bonassola und Framura miteinander verbinden.

Wenn man sich entschließt, die Bahn zu nehmen, die heute oberhalb der alten Trasse fährt, so hat man einen recht zuverlässigen Partner. Die ligurischen Züge an der Küste fahren regelmäßig und wenn man in Framura aussteigt, hat man es nicht mehr weit zum Meer. Einen felsigen Abstieg muss man noch in Kauf nehmen, dann wird man in der bezaubernden Bucht mit einem fantastischen Ausblick auf das offene Meer belohnt. Hier brechen sich teilweise ungestüm die Wellen an den großen vorgelagerten Felsen. Wie uralte steinerne Meerestiere mit lederner Haut liegen sie im blaugrünen Wasser. Wenn man in Richtung Horizont blickt, leuchtet es türkisfarben. Immer wieder schleudert das Meer Wellen in die kleine Bucht. Beharrlich brechen sie sich an den Felsen und bilden weiße Schaumkronen in allen Größen und Facetten.

Während man in das kristallklare Wasser eintaucht und die ersten Meter hinausschwimmt, fühlt man sich magisch angezogen von den Felsen, die so stoisch den Wellen trotzen und die übermütig tänzelnden Schaumkronen nur gleichgültig zu belächeln scheinen. Einmal auf dem flachen Felsen lümmeln wie Neptun oder eine Meerjungfrau, die sich auf ihrer Reise in die Unterwasserwelt in dieser bezaubernden Bucht ausruhen. Ein Genuss ist es, auf dem warmen Fels zu liegen und dem gleichmäßigen Rauschen der Wellen zu lauschen, das einen mit jedem Atemzug weiter hinaus auf das Meer trägt.

TIPP

Eine Radtour oder Wanderung ins oberhalb liegende Dorf Costa.

● Spiaggia Torsei, Via Stazione 4, 19014 Framura (SP)
● ÖPNV: Bahnhof Framura

Küsse im Sternenlicht

66 Die Kapelle in der Bucht von Alassio

Wer kennt sie nicht, die süßen ligurischen Kekse mit gerösteten Haselnüssen und Schokolade? In Italien kennt sie jeder und für jeden Italienreisenden sind sie ein beliebtes Mitbringsel für die Daheimgebliebenen: die Baci di Alassio. Hier in Alassio werden angeblich die besten Baci Italiens hergestellt. Alassio selbst ist einer der elegantesten, renommiertesten und belebtesten Orte der westlichen Riviera und lohnt für viele zu jeder Jahreszeit einen Besuch. Vom ursprünglichen Charme ist dabei noch viel geblieben und die Lage des Ortes ist ohne Zweifel fantastisch. Die Baia del Sole (Sonnenbucht) mit ihrem 3 Kilometer langen Sandstrand und etlichen Badeanstalten wird eingefasst vom Capo Mele und dem Capo Santa Croce. Der Strand fällt flach ins Wasser ab und ist daher besonders beliebt bei Kindern und Familien.

Im Rücken der Stadt schützen die hohen Berge den Norden, diese Lage sorgt für ein besonders mildes Klima in Alassio.

Der Glücksort von Alassio liegt am Capo Santo Croce. Die kleine Kapelle, Cappelletta, mit dem Namen Stella Maris ist ein zauberhafter Aussichtspunkt, von dem man hinaus aufs Meer und auf die komplette Sonnenbucht schauen kann.

Traumhaft ist ein Spaziergang kurz vor Sonnenuntergang von der historischen Altstadt aus. Am Ende der Passeggiata Luigi Cadorna Richtung Porto Luca Ferrari ist man auch schon fast an der Kapelle angekommen. Natürlich sollte man mit einer Schachtel köstlicher Baci ausgerüstet sein, denn dann lässt sich diese wunderschöne Aussicht noch mit einem Gaumenschmaus veredeln. Die liebevoll instand gehaltene Kapelle Stella Maris steht auf einem Felsvorsprung, an dem einst ein Wachturm stand. Es ist ein romantischer und magischer Ort. Und wer bis zur Dunkelheit hier sitzen bleibt, der hat vielleicht das Glück und sieht, wie sich die Sterne im Meer spiegeln. Sicherlich ist das der beste Platz in Alassio, um sich von köstlichen Baci di Alassio oder vielleicht von echten Küssen verzaubern zu lassen.

TIPP

Das „Mäuerchen von Alassio" um den Stadtpark mit zahlreichen Fliesen berühmter Persönlichkeiten.

● La Cappelletta, Porto Luca Ferrari, 17021 Alassio (SV)

Sitzen mit Poeten

67 Die Briefbänke, lyrische Hommage in Arenzano

Das ligurische Arenzano liegt, umgeben von Bergen und Wäldern, im dicht begrünten Hinterland, an der Küste zwischen Genua und Savona. Dieses Städtchen ist mit seiner quirligen Atmosphäre ein lebensfroher Anziehungspunkt. Seine jahrhundertealte Geschichte und die vielfältigen Angebote für Aktivurlauber locken Reisende aus allen Himmelsrichtungen an. Strandliebhaber, Wanderinnen, Mountainbiker und sogar Taucher kommen hier auf ihre Kosten. Das Meeresschutzgebiet um Arenzano beheimatet mit seinen Seegraswiesen seltene Meerestierarten, die in faszinierende Unterwasserwelten entführen. Mit etwas Glück begegnet man sogar Seepferdchen. Wem das nicht ausreicht, der kann in der Nähe des Hafens das berühmte auf dem Meeresboden liegende Wrack des 1991 versunkenen Öltankers M/T Haven erkunden.

Der eigentliche Höhepunkt und zugleich lyrische Glücksort befindet sich jedoch direkt vor der Biblioteca Civica Giuseppe Mazzini di Arenzano. Dort laden die Panchine Letterarie dazu ein, Lyrik einmal anders zu erleben. Die beiden Bänke, die den Eingang zur kleinen Bibliothek flankieren, haben die Form eines aufgefächerten Buches. Die eine Bank ist der Mailänder Schriftstellerin Alda Merini gewidmet. Sie gilt als eine der größten Lyrikerinnen des 20. Jahrhunderts und berührt bis heute mit ihren poetischen Frasimania die Herzen ihrer Leser. Auf der gegenüberliegenden Bank kann man in die lyrische Welt eines der berühmtesten Musiker und Cantautoren Liguriens eintauchen: Zeilen aus „Il Pescatore" von Fabrizio de André. Der Fischer trägt eine Art Lächeln auf seinen Lippen, während er schläft. Was er weiß, verrät er uns nicht. Es ist die Vielschichtigkeit des Seins, die die hier zitierten Lyriker umtreibt. Ein Gefühl von Freiheit erfasst einen plötzlich, während man sinniert. Hier zu sitzen und für einen Moment die Augen zu schließen. Zu atmen. Den poetischen Bildern, die im Inneren aufsteigen, Raum zu geben. Das ist alles. Unmerklich huscht einem ein Lächeln über das Gesicht.

TIPP

Die bekannten ligurischen Olivenölkekse (Canestrelli) von Pirlo Dolci e Biscotti kosten.

● Panchine Letterarie vor der Biblioteca Civica Giuseppe Mazzini, Piazza Simon Bolivar 1, 16011 Arenzano (GE)
● ÖPNV: Bahnhof Arenzano

0-24
BARCHE IN PIAZZETTA
E aveva un solco lungo il viso
Come una specie di sorriso
Fabrizio De Andrè

Unaufgeregtes Strandleben

68

Die felsige Küste von Bogliasco

Zwischen Nervi und Recco, in einem tief eingeschnittenen Tal und von steilen Felsen umgeben, liegt der ehemalige Fischerort Bogliasco. Am kleinen Strandabschnitt von Bogliasco tummeln sich zumeist Einheimische und Tagesgäste aus dem nahe liegenden Genua. Die Strandpromenade ist nicht wie in vielen anderen Küstenorten Liguriens mit Restaurants und Bars bestückt, das gastronomische Angebot findet sich eher im Ortskern. Dafür kann man hier wunderbar an der felsigen Küste entlangspazieren. Bis zum Ortsrand von Bogliasco führt der Weg entlang der sehr felsigen Steilküste Pontetto mit ihren kleinen Strandfelsen und einem sehr schmalen Strand unterhalb der Kirche. Mitten im Ort liegt der kleine, aus Kies und Sand bestehende Strand Belvedere Unità d'Italia. Vereinzelt liegen Boote auf dem Trockenen, das kristallklare Wasser wird von einem beschaulichen Hafen eingerahmt. Von der Terrasse des Club Nautico Bogliasco, in dem eine Bar mit reichhaltigem gastronomischem Angebot untergebracht ist, hat man einen wunderbaren Blick in den Golfo Paradiso bis nach Camogli. Kinder planschen im Wasser, Einheimische genießen die Sonne oder bereiten ihre Boote für die nächste Tour auf See vor. Der ideale Platz, um *dolce far niente,* das süße Nichtstun, zu zelebrieren.

Wer über die gut erhaltene und restaurierte Ponte Medievale geht, eine Brücke über die Mündung vom Rio Poggio direkt am Strand, kommt an der Muro degli Artisti, einer ehemaligen Kriegsmauer, vorbei. Dort haben sich zeitgenössische Künstler mit kleinen Kunstwerken verewigt. Hinter der Brücke beginnt der zentrale Ortskern von Bogliasco mit einigen Geschäften und Cafés. Die ganze Szenerie in Bogliasco wirkt im ersten Moment ungewöhnlich, aber auch wohltuend unaufgeregt. Die Bogliaschini, so nennen sich die Bewohner des Ortes, scheinen ihr eigenes Ding zu machen und lassen sich nicht aus der Ruhe bringen. Eine angenehm beruhigende Atmosphäre, besonders dann, wenn man gerade aus dem nur 12 Kilometer entfernten wuseligen Genua kommt.

TIPP

Ein schöner Antiquitätenmarkt findet jeden vierten Sonntag im Monat auf der Piazza XXVI Aprile statt.

- 16031 Bogliasco (GE)
- ÖPNV: Bahnhof Bogliasco

Faszinierendes Drumherum

69 Im alten Stadion Alberto Picco in La Spezia

Das Stadio Alberto Picco ist eine Welt für sich und mit seiner außergewöhnlichen Atmosphäre ein Muss für Fußballnostalgiker. Allein schon wegen seiner Architektur ist das über 100 Jahre alte Stadion sehenswert. Alberto Picco, nach dem das Stadion benannt ist, bleibt nicht nur als erster Torschütze des ligurischen Vereins unvergessen, sondern auch durch den selbstlosen Mut, den er zu Beginn des letzten Jahrhunderts bei der Verteidigung seiner Heimat zeigte. Seit 1919 ist das Stadion Heimspielstätte von Spezia Calcio. Ein Spiel hier zu erleben, kommt einem Besuch im Theater gleich. Nur wenn alle an einem Strang ziehen und auf sich und andere gleichermaßen achten, kann das große Ganze gelingen. Das, was man hier erlebt, ist nichts, was man von einem klassischen Fußballstadion kennt oder erwartet. Hier erlebt man Unterhaltung der besonderen Art. Ausgelassen, aufgebracht und atemlos geht es zu. Spielabbrüche, Dramen und Zerwürfnisse, gefolgt von grenzenloser Freude, Umarmungen und Versöhnung. Das pralle Leben. Fußball auf ligurisch eben. Während man die wellenartigen Schübe von Emotionen die Menge bewegen sieht, fällt der Blick auf den nahe gelegenen Hafen und das offene Meer. Der Blick, den man vom Stadion hat, ist außergewöhnlich. Während die Menge tobt und sich nach vielen bangen Spielminuten in den Armen liegt und Freudentränen fließen, hört man die Rufe der Möwen. Sie scheren sich nicht um Fußballergebnisse und gleiten in immer gleicherweise in ausholenden Bahnen über den Köpfen hinweg. Sie haben Spaß daran, in Richtung der großzügigen Bucht am Golf der Poeten zu fliegen und mit immer neuem Schwung zurückzukehren. Vielleicht tragen sie bewusst die Sehnsucht der Sagen und die Träume der alten Seefahrer in dieses Stadion. Denn auch hier schlägt so manches Herz höher. Angespannt in Freude und Hoffnung, ist dies ein Sehnsuchtsort, der viele Menschen verbindet. Manchmal vergisst man sogar den Ball. Auf das Drumherum kommt es an.

TIPP

Der große und geschichtsträchtige Hafen von La Spezia, von wo aus Schiffe in alle Welt auslaufen.

● Stadio Alberto Picco, Viale Nicolò Fieschi 18, 19123 La Spezia (SP)

Der Charme des Verborgenen

70 Pignone im Schatten der Cinque Terre

Während sich in 5 Kilometern Luftlinienentfernung die Touristen durch die Gassen von Vernazza schieben oder auf den vielen Wegen den Küstenstreifen Cinque Terre durchwandern, liegt das Dorf Pignone fast vergessen auf der anderen Seite des Weltkulturerbes wie in einem Dornröschenschlaf. Wer einmal in Pignone gewesen ist, fragt sich, warum das so ist. Die knapp 500 Einwohner scheint die Ruhe in ihrem Ort jedenfalls nicht zu stören.

Dabei hat Pignone eine lange Geschichte, die sogar bis in die Vorzeit des römischen Reiches reichen soll. Für die Römer war Pignone besonders interessant, denn an der Piazza Marconi kreuzten sich verschiedene Wege. Eine antike Straße, die vom Küstenort Sestri Levante bis nach Sarzana führte, verlief mitten durch den Weiler. Das Dorf hat schöne Fotomotive: Schon vom kleinen öffentlichen Parkplatz aus kommend, bietet sich eine mit Blumentöpfen behangene Steinbrücke als Bildhintergrund an. Von der Ponte Vecchio aus geht es teilweise durch enge Gassen mit hübsch bemalten und restaurierten Häusern. Oder man schlendert links bergauf Richtung Kirche Santa Maria Assunta, die mit einem einladenden Kirchhof zu einer kurzen Pause einlädt. Geht man in die andere Richtung, wo sich die Gasse immer mehr öffnet, trifft man direkt auf die Piazza Marconi. Beim Spazieren durch die Gassen begegnet man kaum jemandem, außer ein paar älteren Bewohnern, die sich unterhalten und mit einer interessierten Neugierde Ortsfremde beobachten.

TIPP

Ausruhen und stärken in einer engen mittelalterlichen Gasse und am Tisch der Pizzeria Il Castellaro.

Wenn man sich hier aufhält, scheint der nicht allzu weit entfernt liegende touristische Trubel unvorstellbar. Nur das Ortseingangsschild mit dem Hinweis „früheres Tor zu den Cinque Terre und der Riviera" erinnert an die Nähe zum weltbekannten Hotspot. Doch wer sich auf einer Sitzgelegenheit an der Piazza Marconi niederlässt, der kommt gar nicht auf die Idee, dieses ursprüngliche und unaufgeregte ligurische Örtchen so schnell wieder zu verlassen. Viel eher lässt man sich von dem Charme des Unentdeckten einfangen und verzaubern.

● 19020 Pignone (SP)

Der reiche Klang der Stille

71 Das Karmeliterkloster Deserto di Varazze

Der Wallfahrtsort Eremo del Deserto im Hinterland von Varazze ist ein Juwel. Am besten lässt man schon vor dem Klostergelände das Auto stehen, denn diesen schönen verschlungenen Waldweg, der zum Deserto führt, zu Fuß zu erklimmen, stimmt einen auf den Zauber dieses abgeschiedenen Ortes ein. Doch selbst wer mit dem Auto vorfährt, wird nach einigen Minuten eintauchen in eine entschleunigte Welt. Inmitten des Parco del Beigua liegt der alte Karmeliterorden, der heute noch von acht Klosterbrüdern bewohnt wird. In der zum Kloster gehörenden Kirche aus dem 17. Jahrhundert gibt es ein Kreuz aus Elfenbein eines indischen Künstlers zu bewundern. Außerdem werden im Klosterladen von den Mönchen hergestellte Naturprodukte wie Seifen, Marmeladen, Kerzen oder Honig aus eigener Imkerei zum Verkauf angeboten. Rund um die Einsiedelei ist ein botanischer Garten angelegt, dessen Rundgang einlädt, innezuhalten und zu meditieren. Auf Infotafeln heißt es beispielsweise „Wie lerne ich Präsenz?“ oder „die Stille eines Eremiten üben“.

TIPP

Touren in die Bergwelt vom Rifugio Pratorotondo auf dem Monte del Beigua. Schlafmöglichkeit vor Ort.

Auch wenn man den Alltag der Mönche nicht direkt verfolgen kann, so hat doch das Gelände mitsamt der umgebenden Natur die Stille dieses von Meditation und Kontemplation geprägten Ortes absorbiert. Schlendert man gedankenverloren den Weg um das Kloster herum, kann es passieren, dass man sich plötzlich am Eingang zum Gelände vor der Figur eines kleinen Mädchens wiederfindet, das einen aus freundlichen blauen Augen versonnen anschaut. Aus seinen zarten Schultern wachsen kleine Flügel und in den Armen trägt es ein Lamm. Sein Mund ist von einem zarten Lächeln umspielt und unwillkürlich fühlt man sich zurückversetzt in eine der Geschichten aus Kinderbüchern. Dieses Mädchen ist direkt aus einer solchen Geschichte herausspaziert, um sich hier an dieser kleinen Andachtsstelle zu verewigen. So, als wolle es sagen: „Schau, es ist nicht kompliziert, glücklich zu sein. Lausche. Dann findest du die Antwort, die zu dir will.“ Man lauscht. Und hört den reichen Klang der Stille.

● Eremo Carmelitano del Deserto di Varazze, Via al Deserto 19, Deserto, 17019 Varazze (SV)

Stille Bewohner im Bergdorf

72 Die Vogelscheuchen von Groppo

Willkommen in einem verträumten Bergdorf in der Gemeinde von Sesta Godano im Val di Vara. Dieses Groppo ist nicht mit dem gleichnamigen Groppo in der Nähe von Riomaggiore im Cinque Terre zu verwechseln. Schon die Anfahrt auf den Hügel hinauf wirkt wie eine Bilderbuchfahrt in eine längst vergessene Zeit. Wie eine Mauer, ringförmig aneinandergebaut, thronen die Häuser des Dorfes majestätisch auf einer sanften Bergkuppe. Das ganze Ensemble ist umgeben von bezaubernden Wäldern und Tälern des Val di Vara. Im Hintergrund dieses ligurischen Panoramas sieht man den Gipfel des 1639 Meter hohen Monte Gottero. Schon beim Verlassen des öffentlichen Parkplatzes, der sich auf der linken Seite vor der Dorfeinfahrt befindet und mit dem Aufstieg über eine lang gezogene Treppe ins Innere von Groppo führt, fallen einem die ersten Vogelscheuchen ins Auge. Keine Furcht einflößenden Puppen, sondern lustige und muntere Figuren, die die Gassen bewohnen. Für die Einwohner sind diese lustigen Gesellen weit mehr als eine folkloristische Installation. Die Puppen sollen darüber wachen, dass im Ort die Traditionen, Bräuche und Rituale bewahrt und gepflegt werden sowie das Gefühl der Zugehörigkeit erhalten bleibt. Somit beleben die freundlich dreinschauenden Scheuchen die eher menschenleeren Caruggi auf eine sehr angenehme Weise und man ist nie allein, ohne die angenehme Stille des Ortes zu verlieren.

TIPP

Das Vogelscheuchenfest am letzten Sonntag im Juli mit ligurischen Spezialitäten für die Besucher.

Beim Schlendern durch die engen Gassen, die sich immer wieder öffnen und prächtige Ausblicke zulassen, taucht wie aus dem Nichts unter einem Schatten spendenden Häuserbogen eine liebevoll eingerichtete Leseecke auf. Mit einem weiten Blick ins Tal, zwei Sitzplätzen, einem Bücherregal voller Geschichten und einem kleinen Tisch lädt die friedliche Atmosphäre direkt zum Verweilen ein. Ein ausgezeichneter Platz mit einem einzigartigen Charme, an dem sich im Nichtstun verharren lässt. Oder man schmökert in einem Buch und erlebt dabei die Magie von Groppo. Natürlich in bester Gesellschaft einer Vogelscheuche.

● 19020 Groppo (SP)

Ligurische Pastellwelt

73 Die Bar Meietto im Küstenort Bonassola

Genau genommen ist ganz Bonassola ein Glücksort. Das idyllische Örtchen, das zwischen begrünten Bergen an einem weitläufigen Kiesstrand liegt, strahlt eine Selbstvergessenheit aus, als gäbe es kein Morgen. Bonassola hat sich in all den Jahren seinen ursprünglichen Charme bewahrt. Weit entfernt von den großen Küstenstraßen geht hier alles in einem gemächlichen Tempo vonstatten. Einheimische und Gäste bummeln entspannt die freundliche Promenade entlang, an der sich Cafés, kleine Läden, eine Eisdiele und das ein oder andere Restaurant befinden. In den dahinterliegenden Gassen gibt es Dinge des täglichen Bedarfs. Seitlich der Bucht laden unterhalb mediterraner Vegetation große Felsen ein, Zeit auf den warmen Steinen zu verbringen. Von hier aus träumt es sich mit Blick auf das türkisblaue Wasser leicht und man wird von einem leise kribbelnden Glücksgefühl durchströmt.

Bonassola ist ein kleines Paradies. Für Wanderbegeisterte gibt es zudem viele schöne Wege, die an der Küste entlang oder ins Hinterland führen. Das größte Glück jedoch liegt in Bonassola selbst: von der Promenade aus Blicke auf das schillernde Meer zu erhaschen, welches einem durch die steinernen Rundbögen der alten Eisenbahntrasse entgegenleuchtet wie aus einem alten Fotoband. Von der Bar Meietto aus, deren spröde Betreiberin Irma ein ligurisches Urgestein ist und in der sich viele Einheimische treffen, spielende Kinder zu beobachten, die auf einem antiquierten Spielauto herumklettern. Wirft man Münzen hinein, bewegt es sich mit lautem Getöse heftig auf und ab, was freudiges Juchzen zur Folge hat. Einen Kaffee genießend, kann man von hier in vollen Zügen die Langsamkeit und Zufriedenheit der Menschen auf sich wirken lassen. Irgendwie scheint die Zeit stehen geblieben. Alles herrlich unaufgeregt. Auch Irma schert sich nicht darum, ob sie fünf, zehn oder gar keine Gäste hat. Sie ist einfach sie selbst. Und das in ihrem Tempo. Wie Bonassola eben. Hier zu sein macht glücklich. Und entspannt.

TIPP
Die Kirche Madonna della Punta am Westkap. Von dort hat man einen atemberaubenden Rundblick.

- Bar Meietto, Via Fratelli Rezzano 56, 19011 Bonassola (SP)
- ÖPNV: Bahnhof Bonassola

Das Glück auf dem Teller

74 Pesto Genovese – das ligurische Gold aus Genua

Um das Glück in Ligurien vollends zu kosten, sollte man zweifellos das weltweit bekannteste Pesto probieren – das Pesto Genovese. Der Begriff Pesto bedeutet in diesem Kontext so viel wie „zermanscht" und leitet sich vom italienischen Verb *pestare* ab. Mit einem Teller Trofie al Pesto Genovese oder den klassischen Gnocchi al Pesto kann man sich seinen persönlichen Glücksort fast überall auf der Welt herbeizaubern. Idealerweise sollte das Pesto aber frisch und wenn möglich mit Basilikum aus Pra' hergestellt sein – denn hier, so erzählt man sich, wächst das beste Basilikum Liguriens.

Der Legende nach wurde das Pesto Genovese in der Umgebung von Genua erfunden. Vor langer Zeit sammelte hier ein Mönch, der im Kloster San Basilio auf den Höhen von Genua Pra' lebte, frisches Basilikum und andere Kräuter in den Hügeln, die den Konvent umgeben. Zurück hinter den Klostermauern, mischte er das frisch gesammelte Basilikum mit weiteren Zutaten, die ihm die Gläubigen als Opfergaben brachten, zu einem köstlichen Pesto Genovese.

Erstmals wurde ein Rezept des berühmten Pesto Genovese etwa 1863 von dem bekannten Gastronomen Giovanni Battista Ratto in dem Buch „La Cuciniera Genovese – Die echte genuesische Art zu kochen" niedergeschrieben. Die Geschichte des Pestos ist also vielleicht nicht so alt, wie man denken mag. Wie dem auch sei, in jedem Fall sollte ein echtes Pesto Genovese frisches Basilikum, Knoblauch, zwei Sorten Käse (Pecorino und Parmigiano), Pinienkerne, bestes ligurisches Olivenöl und etwas grobes Meersalz enthalten.

Wichtig ist neben den hochwertigen Zutaten nur eines: Es sollte mit Liebe und Leidenschaft zubereitet werden. Wer dies beherzigt, wird den Genuss des grünen Goldes aus Genua als wahren Gaumenschmaus erleben und sich glücklich fühlen. Am besten genießt man einen Teller Trofie, Testaroli oder Trenette al Pesto Genovese in einer einfachen Trattoria im genuesischen Stadtteil Pra' – idealerweise mit Blick aufs Wasser.

TIPP

Pesto selbst machen in einem 3-stündigen Kochkurs, der mehrmals wöchentlich in Genua angeboten wird.

● Il Pesto di Pra', Salita Rolando Ascherio 3 a, 16157 Genua (GE)
www.ilpestodipra.com
● ÖPNV: Bahnhof Genua Pra'

Erfrischende Pause

75

Baden im Fluss bei Brugnato

Im Fluss von Brugnato, der Vara heißt, kann man mit einer Abkühlung im klaren Flusswasser in Sekundenschnelle den ganzen Körper in Schwung bringen und neue Kraft tanken. Vor allem werktags um die Mittagszeit finden sich zwischen den noch verbliebenen Pfeilern einer alten Brücke Bewohner der umliegenden Orte zu ihrer Mittagspause ein. Sie frönen der Sonne und erfrischen sich mit einem Sprung ins kühle Nass. Ligurische Familien mit Kindern, Paare mit Hund und Berufstätige, die eine Pause einlegen, trifft man hier. Der schönste und bequemste Liegeplatz auf den Steinen des großzügigen Flussufers muss nicht erst ausgekundschaftet werden, er ist bereits vertraut und wird zielbewusst angesteuert. Kurze Rast ohne Hast. Alltag im ligurischen Hinterland eben.

Was kann es Besseres geben, als ein Bad im heimischen Fluss, um dann den restlichen Tag gestärkt zu verbringen? Ein älterer Herr, der seinen kleinen Enkel auf den Schultern trägt, kommt aus dem Wasser. Das Kind, nach zahlreichen Schwimmversuchen müde geworden, hält mit letzter Kraft seinen Großvater umschlungen. Andere verweilen, bauen Steintürme oder meditieren mit Blick auf die klare Wasseroberfläche, in der sich Sonnenstrahlen brechen und Dutzende von Lichtreflexionen zum Träumen einladen. Zwei Frauen, die sich eine Menge zu erzählen haben, lassen sich am Flussufer nieder. Ein Steinwurf von ihren Füßen entfernt ragt eine Flasche Prosecco senkrecht aus dem flachen Wasser heraus. Wenig später klirren die Gläser und unter freudigem Gelächter wird der erste Aperitif des Tages goutiert – von Flusswasser gekühlt. Erfüllend, diese kleinen glücklichen Begebenheiten ligurischen Alltags zu beobachten. Schließt man auf den warmen Steinen liegend die Augen, so verschmelzen die umgebenden Geräusche aus Gesprächsfetzen, Kinderstimmen und dem beharrlichen Plätschern des Flusses zu einem beruhigenden Klangteppich. Ab und zu hört man weiter entfernt noch ein Auto rauschen. Doch was interessiert einen die Ferne, wenn das Gute so nahe liegt.

TIPP
Einen Spaziergang durch das nahe gelegene Brugnato.

● Fiume Vara, Via San Lazzaro, 19020 Brugnato (SP); Parkplatz unter der Brücke Richtung Borghetto di Vara am Rafting Club

Stilvolle Ein- und Ausblicke

76 Der Wehrturm von Castelnuovo Magra

Im malerischen südlichen Zipfel Liguriens und wenige Kilometer von im Tal liegenden Amphitheater von Luni entfernt, thront der Ort Castelnuovo Magra auf einem majestätischen 200 Meter hohen Bergkamm vom Monte Bastione. Schon von Weitem sieht man den gut erhaltenen Turm, der zum Palast der Bischöfe von Luni gehört. Die ansonsten leider sehr zerfallene Herrschaftsresidenz mit ihrem Torre ist heute das auffälligste Bauwerk von Castelnuovo Magra. Der kantige Wehrturm an der Nordseite zieht alle Blicke auf sich und ist ein Kontrast zu der am anderen Ende des Ortes liegenden, in der Spätrenaissance erbauten Kirche Santa Maria Maddalena. Ungewöhnlich breite Durchgänge mit dunklen Quergassen verbinden die beiden Bauwerke miteinander.

Die heutige Piazza Matteotti, einst als Piazza Querciola bekannt, war das Herz der Festung. In den Sommermonaten erwacht der Platz zu neuem Leben, wenn Veranstaltungen wie Konzerte oder Filmvorführungen die Luft mit kultureller Magie erfüllen. Der Platz liegt zu Füßen des vollständig restaurierten und für die Öffentlichkeit zugänglichen Turms, der nicht nur architektonisch fasziniert, sondern auch kulturellen Genuss verspricht. Im Inneren des Turms erwarten Besucher wechselnde und liebevoll gestaltete Ausstellungen, die auf eine faszinierende Reise in die Kunst entführen. Die schmalen Stiegen, die von einem Turmzimmer zum nächsten leiten, sind wie Pfade in eine andere Welt. Oben angekommen, belohnt der Rundumblick und verbindet das Kunsterlebnis mit der umgebenden Schönheit. Der Blick schweift über die weite Ebene des Flusses Magra bis zum glitzernden Tyrrhenischen Meer und dem malerischen Val di Vara.

TIPP

Ein Konzerterlebnis an einem lauen Sommerabend auf der Piazza Matteotti.

Dieser Ort ist nicht nur ein historisches Juwel, sondern auch eine Oase der Ruhe und kulturellen Vielfalt, die jeden Besucher in ihren Bann zieht. Castelnuovo Magra – ein Ort, der Geschichte atmet und die Seele mit seinem Charme und kultureller Vielfalt berührt. Und ein Besuch, der Herz und Sinne erfüllt.

● Turm des Bischofspalastes, Via Vittorio Veneto 1, 19033 Castelnuovo Magra (SP)

Mittendrin ist stilles Sein

77

Glück rund um San Giovanni Battista in Stella

Den Ort Stella gibt es eigentlich gar nicht. Wohl aber die fünf sternförmig zueinanderliegenden Ortschaften, die zu einer Fraktion zusammengefasst werden. San Giovanni Battista ist einer dieser fünf Orte. Zwar durchtrennt die von Savona in die Berge hinaufführende Straße den Ort, doch schafft es auch der rauschende Verkehr nicht, die Freude der hiesigen Bewohner und die besondere Energie, die diesen Platz um die Kirche umgibt, zu verdrängen. Die Kirche scheint zunächst viel zu groß für den kleinen Ort und mit Supermarkt, Bäckerei, Tankstelle, Bushaltestelle, Bar, Apotheke und Frisör, auf so kleinem Raum fast deplatziert.

Stellt man das Auto unter den Bäumen der Seitenstraße ab und verbringt hier mehr als nur ein paar Minuten auf der Durchreise, so ergreift einen schnell das Gefühl, an einem guten Platz gelandet zu sein. Trotz krasser Gegensätze ist erstaunliche Einheit spürbar. Die altehrwürdige Kirche verleiht dem Platz Souveränität und Standfestigkeit, die allem menschlichen Irrsinn zu trotzen scheint. Ein steinernes Zeugnis stoischer Ruhe. Erdverbundenheit und Gelassenheit haben auch die Einwohner des Dorfes entwickelt. Es herrscht eine aufgeschlossene Stimmung. Der Hügel, auf dem die Kirche steht, hat sich seine besondere Atmosphäre bewahrt und der Platz um San Giovanni Battista ist trotz Asphalt und wiederkehrenden Lärms ein Kraftort geblieben. In kleinen autolosen Intervallen kann man die Stille und den tiefen Frieden dieses Platzes erfassen. Wenn das Getöse ruht, tritt seine außergewöhnliche Kraft hervor. Auch das Hören wird empfänglicher. Hier wohnt eine gutmütige und friedvolle Energie, die weit größer ist als das Lärmen der Welt. Wer weiß, vielleicht lenkt sie in dieser viel befahrenen Kurve auch den Verkehr zum Guten. Hier scheinen Himmel und Erde völlig selbstverständlich miteinander verbunden. Man lächelt, während manch Motor in der Kurve dröhnt, und freut sich des Lebens. Was San Giovanni kann, können seine Einwohner schon lange.

TIPP

La Casetta sulle Stelle im Kern von Stella. Sehr schöne, persönlich geführte Unterkunft.

● Piazza Riccardo Poggi, 17044 Stella (SV)

BAPTISTA
PARATE VIAM DOMINI

Maultiere & Heißluftballons

78 Eintauchen in die Vergangenheit in Bellissimi

Der kleine Weiler mit rund 40 Einwohnern, unweit von Dolcedo, mit dem freundlichen Namen Bellissimi, wirkt anziehend und einladend zugleich. In den üblichen Reiseführern findet sich außer einer kleinen Geschichte des J. E. Montgolfier, der im Juni 1790 nach Bellissimi kam und dort von seinen berühmten aerostatischen Flügen träumte, kaum etwas. Die vielen bunten Gemälde mit Heißluftballons in allen Größen an Hauswänden, Mauern und Eingangstüren erinnern jedoch eindrucksvoll an diese Episode. Den hübschen Namen bekam der Ort allerdings von einer Gutsherrenfamilie, die heute noch hier lebt. In Zusammenarbeit mit der Gruppe Amici di Bellissimi organisiert sie regelmäßig Feste. Verlaufen kann man sich in Bellissimi nicht, dafür ist das Zentrum einfach zu klein und übersichtlich. Wer allerdings achtsam durch die kleinen Gassen schreitet, findet schnell ein kleines Hinweisschild an einem Durchgang mit der Bezeichnung Museo della Fienagione, Museum der Heuernte. Diese kleine Ecke wurde liebevoll der früher überlebenswichtigen Erntezeit gewidmet.

Jede Familie in Bellissimi hielt in alten Zeiten einige Esel, Maultiere, Kaninchen, Ziegen oder Ähnliches. Der Berg lieferte mit seinen Wiesen die Grundlage für das Futter der Tiere. Schon vor Sonnenaufgang begann der bäuerliche Alltag mit der Arbeit auf den Feldern. Jeder hatte seine feste Aufgabe. Unentbehrlich waren dabei die Maultiere, die täglich mit Ladungen bergauf und bergab gingen. Über 600 Maultiere wurden zu Beginn des 20. Jahrhunderts in der Dolcedo-Region hauptsächlich für den Transport genutzt, aber auch als treibende Kraft in den zahlreichen Mühlen. Um diese Nutztiere zu versorgen, benötigte man Tonnen von Heu. Lange nach dem Ende dieser Ära scheint heute alles sehr weit entfernt, verloren in einer Ecke der Erinnerung. In diesem kleinen und frei zugänglichen Kleinod von Museum fällt es einem allerdings leicht, sich in alte Zeiten zurückzuversetzen und vom Großstadtlärm abzutauchen.

TIPP

Wandererfahrung auf dem 1149 Meter hohen Monte Faudo mit einem sagenhaften Ausblick.

● Heumuseum, Via Umberto I, 18020 Bellissimi (IM)

Das Tor zu den Cinque Terre

79 Auszeit auf der Piazza Staglieno in Levanto

Levanto, auch Tor der Cinque Terre genannt, liegt wie die „fünf Erden" am Meer. Doch was es von anderen Orten unterscheidet, ist, dass hier das sonst so typische Centro Storico fehlt. Gepaart mit seiner Architektur der 50er- und 60er-Jahre, fühlt man sich schnell zurückversetzt in einen der alten Filme aus dieser Zeit. Levanto präsentiert sich unaufgeregt. Die Atmosphäre besticht nicht durch das augenfällig Besondere, sondern durch Entspanntheit. Diese findet man spätestens, wenn man die auf der Ostseite des Städtchens gelegene Piazza Staglieno erreicht. Der Platz, dessen Mitte eine kleine parkähnliche Anlage bildet, wird umrahmt von anheimelnden kleinen Läden, die für das leibliche Wohl sorgen. Die schönen Bänke im Kern des Grüns sind einladend und es fällt leicht, ganz ins Hier und Jetzt einzutauchen. Es hat etwas zutiefst Beruhigendes, hier zu sitzen und das Leben quasi an sich vorbeiziehen zu lassen, während man doch mittendrin und Teil davon ist.

Hier sitzt die ligurische *nonna* mit ihrem Enkel, der nicht müde wird, Fragen zu stellen, und dessen Beine kaum den Boden berühren. Hier versüßt man sich mit einem Dolce oder auch einer herzhaften Focaccia (ligurisches Fladenbrot) auf der Hand seine Mittagspause. Man trifft auf die *anziani signori* von Levanto, die unter freiem Himmel lachen und diskutieren, und Mütter mit ihren *bambini,* die sich kurz auf den Spielgeräten austoben, bevor es wieder nach Hause geht. Weiter hinten sieht man die Mitarbeiter des Croce Verde neben dem Torbogen der alten stillgelegten Bahntrasse zusammenstehen und ihr Pausenbrot verzehren, während wieder andere sich im Schatten der Bäume zum Boccia-Spielen zusammenfinden. Diesen kleinen alltäglichen Begegnungen und Szenen beizuwohnen, hat einen Zauber, der sich nicht in materiellen Dingen finden lässt. Es ist der Zauber, der einen ergreift, wenn man sich als stiller Beobachter als Teil des Ganzen fühlt. In dieser Selbstverständlichkeit des Seins wohnt stilles Glück.

TIPP

Durch den stillgelegten Eisenbahntunnel kann man zu Fuß die reizvolle Bucht von Bonassola erreichen.

- Piazza Generale Staglieno, 19015 Levanto (SP)
- ÖPNV: Bahnhof Levanto

Ligurische Lebensfreude

80

Das historische Gran Caffè Defilla in Chiavari

Chiavari liegt an einem der seltenen flachen Küstenstreifen der Riviera di Levante in der Mündungsebene des Flusses Entella. Die etwa 28.000 Einwohner zählende Stadt gehört zu den wichtigsten Städten Liguriens und überzeugt mit einer etwas verborgenen wunderschönen Altstadt. Chiavari zählt nicht zu den touristischen Hochburgen der Region, und gerade das macht diesen Ort so attraktiv.

Auch wenn es sich für einen Badestopp weniger anbietet, kann man dafür in der zauberhaft verwinkelten Altstadt herumbummeln und sich durch die von Arkaden gesäumten Gassen und Winkel treiben lassen. Besonders in der Via Martiri della Liberazione und den anliegenden Gassen finden sich viele traditionelle Läden und Werkstätten mit Handwerkskunst. An der Piazza Matteotti sollte man unbedingt das historische Caffè Defilla besuchen, das zu den ursprünglichsten und größten Kaffeehäusern Liguriens zählt. Innen findet man Räume mit hohen Decken und kunstvollen Stuckverzierungen, Gemälden und großen Spiegeln. Auf der Außenterrasse sitzt man unter den Arkadenbögen des Corso Garibaldi mit bestem Blick auf die Piazza. Besonders freitags lässt sich hier die typisch italienische Alltagsatmosphäre aufsaugen. Dann scheint ganz Chiavari auf dem großen Wochenmarkt unterwegs zu sein. Im Caffè Defilla treffen sich Freundinnen oder Nachbarn auf den ersten Cappuccino des Morgens mit einem frischen Cornetto oder nach dem Einkauf und mit vollgepackten Taschen auf einen Spritz. Auch Italiens Prominenz schätzt das Defilla. Hier waren bereits Musiker wie Gino Paoli, Tullio De Piscopo, der in den Achtzigern mit dem Song „Stop Bajon“ auch in den deutschen Radios lief, der ehemalige Fußballnationaltrainer der Squadra Azzurra Enzo Bearzot und viele weitere berühmte Persönlichkeiten zu Gast.

Buntes Treiben und italienische Lebensfreude kombiniert mit Gaumenfreuden. Ob Kaffee, frische Backwaren, Wein und Dolce – im Defilla scheint alles köstlich zu schmecken. Dieser Platz eignet sich perfekt für eine ausgiebige Verwöhnpause.

TIPP

In der Altstadt findet an jedem zweiten Wochenende ein großer Antiquitätenmarkt statt.

● Gran Caffè Defilla, Corso Garibaldi 4, 16043 Chiavari (GE)
www.grancaffedefilla.com
● ÖPNV: Bahnhof Chiavari

LOCALE STORICO D'ITALIA
CHIAVARI

Bibliografische Informationen der Deutschen Nationalbibliothek
Die Deutsche Nationalbibliothek verzeichnet diese Publikation in der Deutschen Nationalbibliografie; detaillierte bibliografische Daten sind im Internet über http://dnb.d-nb.de abrufbar.

Konzeption/Satz: Droste Verlag, Düsseldorf
Einbandgestaltung und Illustrationen: Britta Rungwerth, Düsseldorf, unter Verwendung von Bildern von © Fotolia.com: jd - photodesign.de; © iStock: Plociennik Robert
Fotos: Stephan Falk & Anne Fink, außer: Marco Besio: S. 99; Chiara/La Gitana su Route: S. 65; Dr. Gert Heller: S. 123; stock.adobe.com: S. 19 (Fabio Lotti), S. 39 (Lindasky76), S. 43 (fotobeam), S. 75 (Vict68), S. 93 (Roberto Lo Savio), S. 111 (philippe paternolli), S. 115 (Karl Allen Lugmayer), S. 121 (Mike Mareen), S. 135 (Diego), S. 145 (4kclips)
Textlektorat: Karola Neutze, Brühl

FSC www.fsc.org MIX Papier | Fördert gute Waldnutzung FSC® C011279

Druck und Bindung: LUC GmbH, Greven
ISBN 978-3-7700-2487-2

www.droste-verlag.de